Obair gun Duais?

*Alasdair MacGilleMhìcheil a' tional
ainmean Gàidhlig eun*

A Thankless Task?

*Alexander Carmichael as a collector of
Gaelic bird names*

Tristan ap Rheinallt

The Islands Book Trust

Published in 2010 by The Islands Book Trust

www.theislandsbooktrust.com

ISBN: 978-1-907443-10-7

Chuidich Comhairle nan Leabhraichean am foillsichear
le cosgaisean an leabhair seo

Typeset by Erica Schwarz. Printed and bound by
JF Print Limited, UK. Cover design by Jim Hutcheson

The Islands Book Trust, Ravenspoint Centre, Kershader,
South Lochs, Isle of Lewis, HS2 9QA. Tel: 01851 880737

Luaidh ion-roghnaichte / *Preferred citation:*
ap Rheinallt, T. 2010. *Obair gun Duais? Alasdair MacGilleMhìcheil
a' tional ainmean Gàidhlig eun. A Thankless Task? Alexander
Carmichael as a collector of Gaelic bird names.* Islands Book Trust,
Kershader, Isle of Lewis

Clàr-innse / *Contents*

Clàr-innse / Contents

Leasachaidhean / *Appendices*

BUIDHEACHAS

B' e tionnsgnadh rannsachaidh a choilion mi aig UHI, is mi a' dèanamh ceum ann an Cànan is Cultar na Gàidhlig aig an àm, bun-stèidh an leabhair seo. Bha an obair a rinn mi an uairsin fo stiùireadh Catrìona Mhoirich.

Thug Domhnall Uilleam Stiùbhart bho Oilthigh Dhùn Èideann taic dhomh ann a bhith a' lorg fiosrachadh ann an Cruinneachadh MhicGilleMhìcheil MhicBhatair agus ann a bhith a' beachdachadh air na dòighean-obrach aig Alasdair MhicGilleMhìcheil. Rinn e sgrùdadh air dreach den teacsa cuideachd. Tha mi fo fhiachan mòra dha.

Tha mi taingeil dha Mìcheal Robson (Cealagbhal, Nis, Leòdhas), a thug m'aire dha na litrichean a chuir MacGilleMhìcheil gu J. A. Harvie-Brown. Fhuair mi comhairle bho Iain MacArtair a thaobh na Gàidhlig agus bho Iain Randall a thaobh cruth agus cuspair an leabhair.

Mu dheireadh, bu toil leam buidheachas mòr a thoirt dha Jim Dickson agus dha Taighean-Tasgaidh Nàiseanta na h-Alba, a thug cead dhomh an dealbhan a chleachdadh san leabhar seo.

ACKNOWLEDGEMENTS

This book is based on a research project that I carried out while studying at UHI for a degree in Gaelic Language and Culture. The work I did at that time was supervised by Catriona Murray.

Domhnall Uilleam Stiùbhart of Edinburgh University helped me to locate information in the Carmichael Watson Collection and to evaluate Alexander Carmichael's working methods. He also reviewed a draft of the text. I am greatly indebted to him.

I am grateful to Michael Robson (Callicvol, Ness, Lewis) for drawing my attention to the letters sent by Carmichael to J. A. Harvie-Brown. Iain MacArthur advised me on Gaelic and John Randall on the form and content of the book.

Finally, I am very grateful to Jim Dickson and to National Museums Scotland, who gave me permission to make use of their photographs in this book.

TEACSA GÀIDHLIG / *GAELIC TEXT*

RO-RÀDH

Tha eòin air a bhith cudromach ann an cultar is beatha nan Gàidheal fad linntean mòra. Is beag an t-iongnadh le sin gu bheil stòras saidhbhir ann de dh'ainmean Gàidhlig eun, agus gun deach iomadh cruinneachadh ainmean fhoillseachadh thairis air na bliadhnaichean.[1] Mar a bhiodh dùil, tha ainmean eun a' nochdadh anns na faclairean Gàidhlig, bho àm Alasdair Mhic Mhaighstir Alasdair a-mach. Agus ged nach deach ach corra leabhar Gàidhlig a sgrìobhadh mu eòin, gheibhear ainmean Gàidhlig ann an cuid de leabhraichean Beurla, gu h-àraidh an fheadhainn a tha a' dèiligeadh ri eunlaith na Gàidhealtachd.[2]

Am measg nan daoine a chuir ainmean Gàidhlig ris na faclairean agus liostaichean seo, tha Alasdair MacGilleMhìcheil, cruinniche beul-aithris a choisinn cliù anabarrach dha fhèin nuair a dh'fhoillsich e a' chiad dà leabhar anns an t-sreath *Carmina Gadelica* ann an 1900. Nochd ceithir leabhraichean eile às dèidh a bhàis. Chaidh a dhà dhiubh a dheasachadh le ogha, Seumas MacGilleMhìcheil MacBhatair, agus a dhà eile le Aonghas MacMhathain. Am broinn nan leabhraichean seo gheibhear laoidhean, ùrnaighean, ubagan, orthan, òrain agus sgeulachdan a chuala MacGilleMhìcheil air beul an t-sluaigh, maille ri facail agus abairtean inntinneach agus notaichean air iomadh cuspair.

'S e amas na sgrìobhainn giorra seo rannsachadh a dhèanamh air inbhe MhicGilleMhìcheil mar chruinniche ainmean Gàidhlig eun, le a bhith a' lorg fhreagairtean dha na ceistean a leanas:

> ➤ Cò na h-ainmean a chruinnich e?

> ➤ Dè na comasan a bh' aige a thaobh obrach-cruinneachaidh den leithid?

> Dè cho earbsach 's a tha na h-ainmean a chruinnich e?

> A bheil an dòigh anns an do ghabh e ris an obair seo a'
> cur solas air a dhòighean-obrach san fharsaingeachd?

Gus an t-amas seo a choilionadh, chuir mi ri chèile liosta iomlan
de dh'ainmean Gàidhlig eun bho *Carmina Gadelica* I gu VI
(*CG* i–vi) agus rinn mi sgrùdadh air an fhiosrachadh agus a'
mhìneachadh a tha nan cois. Seach nach deach ach *Carmina
Gadelica* i agus ii a chur an clò le MacGilleMhìcheil fhèin, thug
mi aire dhan phàirt a dh'fhaodadh a bhith aig na deasaichean
ann a bhith ag eadar-theangachadh agus a' cur notaichean ri
chèile airson nan leabhraichean eile anns an t-sreath.

Gus suidheachadh a stèidheachadh airson obair
MhicGilleMhìcheil, thug mi sùil cuideachd air ainmean Gàidhlig
eun a dh'fhoillsich daoine eile anns an dàrna leth den 19mh linn,
gu h-àraidh an fheadhainn anns an leabhar *A Vertebrate Fauna
of the Outer Hebrides* (1888) le J. A. Harvie-Brown agus T. E.
Buckley (*HBB*). Gus eachdraidh ainmean sònraichte a lorg,
rinn mi sgrùdadh cuideachd air faclairean agus leabhraichean
a chaidh fhoillseachadh ro àm MhicGilleMhìcheil. Bha na
litrichean a chuir MacGilleMhìcheil gu Harvie-Brown nan
tùs fiosrachaidh luachmhoir. Tha na litrichean seo, a chaidh
a sgrìobhadh eadar 1871 agus 1901, air an gleidheadh ann an
leabharlann Taigh-tasgaidh Nàiseanta na h-Alba.[3]

Tha mi mothachail, ged-tà, nach eil an sgrìobhainn seo a'
toirt seachad dealbh iomlan den obair a rinn MacGilleMhìcheil
a thaobh ainmean eun. Tha fios gu bheil fiosrachadh neo-
fhoillsichte air eòin am measg nam pàipearan aige[4], a th' air
an tasgadh ann an Cruinneachadh MhicGilleMhìcheil
MhicBhatair ann an Leabharlann Oilthigh Dhùn Èideann.

Feumar beagan a ràdh mun dòigh anns a bheilear a'
laimhseachadh ainmean eun anns an sgrìobhainn seo. Seach gu
bheil mi ag amas air an obair a rinn MacGilleMhìcheil fhèin,

3

chan eil mi air atharrachadh sam bith a dhèanamh air ainmean Gàidhlig eun a chaidh fhoillseachadh ann an *Carmina Gadelica*, *HBB* no tùsan tratha eile. Chan eil mi air an litreachadh ùrachadh, mar eisimpleir, agus chan eil mi air stràcan a chur ann far a bheil iad a dhìth. Ach tha bonn-notaichean an cois Leasachaidh 2 a bheir aire an leughadair dha feadhainn de na mearachdan as fhollaisiche ann an *HBB*.

Às aonais liosta 'oifigeil' de dh'ainmean eun – mar a th' aig na Cuimrich agus na h-Èireannaich, mar eisimpleir – tha mi a' cleachdadh ainmean Gàidhlig bhon leabhar *The Birds of Scotland*[5] mar ainmean suidhichte airson gach gnè. Gus dealachadh a dhèanamh eadar iad seo agus an caochladh ainmean a chruinnich MacGilleMhìcheil is eile, tha mi gan sgrìobhadh le tùs-litrichean mòra, m.e. Uiseag, Sùlaire. Tha na h-ainmean Beurla a' leantainn ris an liosta oifigeil a bhios am *British Ornithologists' Union* a' gleidheadh.[6] Tha na h-ainmean seo cuideachd air an sgrìobhadh le tùs-litrichean mòra, mar a tha iad anns a' chuid mhòir de dh'irisean agus leabhraichean a bhios a' dèiligeadh ri eòin. Gheibhear liosta iomlan de na h-ainmean suidhichte, an dà chuid ann an Gàidhlig agus Beurla, ann an Leasachadh 1. Tha an liosta a' gabhail a-steach ghnèithean air nach eil mi a' toirt iomradh anns an teacsa.

ALASDAIR MACGILLEMHÌCHEIL MAR CHRUINNICHE AINMEAN EUN

Rugadh Alasdair MacGilleMhìcheil ann an Lios Mòr ann an 1832 agus ghabh e ùidh shònraichte ann an cànan agus cultar nan Gàidheal is e fhathast òg. Bho dheireadh nan 1850an bha e ag obair air feadh na Gàidhealtachd mar oifigear na cusbainn, agus a' cruinneachadh a h-uile seòrsa beul-aithris. Ged a choisinn e cliù dha fhèin anns a' chiad dol a-mach mar fhear a chruinnich stuth a bha ceangailte ri creideamh agus creideasan, bha ùidh aige ann an tòrr chuspairean eile, leithid eachdraidh, àrceolais agus nàdair.

Tha litir a sgrìobh MacGilleMhìcheil gu Harvie-Brown (15 Giblean 1887) a' cur beagan solais air na b' adhbhar dha a bhith ri ainmean eun a chruinneachadh:

> *When I began to take down the Gaelic names of birds it was simply from a mere love – a sort of instinct, or passion with me, to take down all old Gaelic things to rescue them from being lost. I saw old habits and customs, names of birds beasts and places, dying out rapidly and I wished to rescue what I could. That was all. I think it was Capt. Elwes who first asked me to give him the Gaelic names of birds, and this led me to look into long laid aside scrap-books and string together as many of the names as I could lay my hands on.*

Nuair a thòisich e air an obair seo, bha ainmean Gàidhlig eun rim faighinn ann am faclairean[7] agus ann an corra leabhar eile[8], agus tha e coltach gun do chleachd MacGilleMhìcheil na leabhraichean seo gu ìre (seallaibh seo shìos). Tha fios cuideachd gun robh cruinneachaidhean Mgr. Ailein MhicDhòmhnaill (Eirisgeidh) aige an iasad airson greis.[9] Ach b' iad na daoine fhèin ris am biodh e a' bruidhinn agus ag èisteachd prìomh thùs an fhiosrachaidh a chruinnich e mu eòin agus mu an ainmean. Seo, mar eisimpleir, notaichean a sgrìobh e ann an Uibhist a Deas, 6–8 Giblean 1877, is e a rèir coltais a' bruidhinn ri Domhnall MacGillEathain às an Scarp:

> Am Bùite = *Puffin.* Diurite = giuran = *shellfish in wood from which comes the* buite. *Guillemote*/Lamhai = gob bi[o]r[ach]
> gearri-breac. Cearc-Scràbaire *used to breed in North end of Scarp – not now – supposed to breed there still Has an ugly* scriach – Fachach

> The Buanbhuachille *breeds on* Loch uis-
> iadar Loch Leatha Loch bheinniseal – *on*
> *islands there – in* Beanntaibh *Harris*
> *streams come down from those to the sea.*
> Don[ald] *Maclean Scarp when a boy herding there*
> *saw the old birds with the two little young*
> *often there & often chased them among*
> *stones and water – in July. Tis the* Learga?[10]

Gu tric, bhiodh ainmean eun a' nochdadh anns na h-ubagan, na h-ùrnaighean, na h-òrain agus na laoidhean a bhiodh e a' clàrachadh. Seo trì rann bho thàladh, mar eisimpleir. Tha 25 rann gu lèir anns an tàladh seo, agus eun eadar-dhealaichte air ainmeachadh anns gach fear dhiubh.

> Tha nead na smeòraich
> Anns a' bhadan bhòidheach,
> Nì mo leanabh cadal agus gheibh e 'n t-ian.
>
> Tha nead na londubh
> Ann am broinn a' chrogain,
> Nì mo leanabh cadal agus gheibh e 'n t-ian.
>
> Tha nead na h-uiseig
> Ann an lorg na Dubhaig,
> Nì mo leanabh cadal agus gheibh e 'n t-ian.[11]

Seo eisimpleir eile, às an *Iorram Hirteach* a chlàraich e – a rèir aithris fhèin – ann an Hiort anns a' Chèitean 1865.

> Ise:
> Is tu mo luran, is tu mo leannan,
> Thug thu thùs dhomh am fulmair meala!
> […]
>
> Esan:
> Is tu mo smùidein, is tu mo smeòirein,

Is mo chruit chiùil sa mhadainn bhòidhich!
[...]

Ise:

M'eudail thusa, mo lur 's mo shealgair,
Thug thu 'n dé dhomh 'n sùl 's an gearrbhall.
[...]

Esan:

Thug mi gaol dhut 's tu 'nad leanabh,
Gaol nach claon gun téid mi 's talamh.
[...]

Ise:

Is tu mo chugar, is tu mo chearban,
Thug thu am buit dhomh 's thug thu an gearr-bhreac.
[...]¹²

Thathar ag ainmeachadh seachd eòin eadar-dhealaichte anns na rannan seo shuas: am Fulmair; an Calman-coille no an Turtar¹³ ('smùidein'); an Smeòrach ('smeòirein'); an Sùlaire ('sùl'); an Gearra-bhall; am Buthaid ('buit'); agus an Gearra-glas ('gearr-bhreac'). Sgrìobh MacGilleMhìcheil gun robh an aithrisiche, Eibhrig Nic Cruimein, den bheachd gum b' e a pàrantan fhèin a rinn an 'còmhradh' mus do phòs iad.¹⁴ Bhiodh sin mu 1780, aig àm nuair a bhiodh muinntir Hiort fhathast eòlach, a rèir coltais, air a' Ghearra-bhall.

ALASDAIR MACGILLEMHÌCHEIL MAR EÒLAICHE-NÀDAIR

Tha fianais gu leòr againn air an ùidh a bh' aig MacGilleMhìcheil ann an eòin agus nàdar, agus tha fios gum biodh e a' cur fiosrachadh mu àireamhan, imrich agus cleachdaidhean eun gu eun-eòlaichean an latha. Mar eisimpleir, b' esan a bu choireach ris an aon chomharra a bh' ann den Lach-stiùirich anns na h-Eileanan an Iar aig toiseach nan 1870an.[15] Tha ainm a' nochdadh cuideachd ann an corra àite ann an *HBB*, mar chomharra air fiosrachadh a thug e seachad mu ghnèithean leithid na Cuthaige, a' Chathain agus na h-Annlaig-fairge.

Tha cuid de na notaichean a dh'fhoillsich e ann an *Carmina Gadelica* bunaichte air na bha e fhèin air fhaicinn ann an saoghal nan eun. Mar eisimpleir, tha e a' toirt tuairisgeul beòthail air dannsa fhitheach a chunnaic e uair ann an Uibhist a Tuath.[16] Ach air an làimh eile, chan eil teagamh nach b' ann bho dhaoine eile a thàinig cuid mhath den fhiosrachadh 'shaidheansail' mu eòin ann an *Carmina Gadelica*. Mar eisimpleir, seo na sgrìobh MacGilleMhìcheil mu Eun-dubh-an-sgadain:

> **langaidh**. *Longbill. It has one* sìolag *(viper-fish), and only one, in its bill for its chick. The* duibheanach *and the* peata ruadh *(razorbill and puffin) have each a dozen in their bills as they hurry home to their chicks.*[17]

Agus seo earrann à litir a sgrìobh Iain MacFhionnlaigh, an 'Sgoilear Glas' a bha na mhaighstir-sgoile ann an Eilean Mhiùghlaigh, dha (14 Cèitean 1881):

> *The Guillemots feed on larger fish – sand eel for example, and other fishes and never takes home with it but one at a time with the head of the fish down its gullet and the tail out. The Razor & Puffin take a group at a time – 12 or 13 smallest herrings.*[18]

Mar sin dheth, chan fhaodar gabhail ris na th' ann an *Carmina Gadelica* mar fhianais air cho eòlach 's a bha MacGilleMhìcheil fhèin air eòin agus nàdar. Tha fios gun tug Seòras MacEanraig, Mgr Ailean MacDhòmhnaill (Eirisgeigh) agus 's dòcha an t-Urr. Alasdair Stiùbhart, 'Nether-Lochaber' (Omhanaich) cuideachadh dha ann a bhith a' dèiligeadh ri cùisean a bha ceangailte ri nàdar.[19] Tha e coltach gun robh MacGilleMhìcheil a' sgrìobhadh gu cunbhallach gu MacDhòmhnaill anns na 1890an, ag iarraidh mìneachadh air ainmean agus abairtean sònraichte, is ainmean eun nam measg.[20]

Bha làn fhios aig MacGilleMhìcheil fhèin nach robh e na eòlaiche-nàdair, mar a mhìnich e dha Harvie-Brown (3 Dùbhlachd 1887): '*I am not a naturalist – only a lover of nature and a recorder of the Gaelic names of birds, animals and fishes.*' Tha e soilleir cuideachd bho na sgrìobh e ann an *Carmina Gadelica* nach robh e an-còmhnaidh a' dèanamh sgaradh eadar bith-eòlas agus beul-aithris. Uaireannan, bhiodh e a' toirt seachad chreideamhan saobh-chràbhach mar gum b' e nithean dearbhte a bh' annta, agus bha e buileach ceàrr aig amannan leis na bha e ag ràdh mu chleachdaidhean eun. Mar eisimpleir, thug e seachad cunntas mionaideach air mar a bhiodh am Brù-gheal – eun imrich a bhios a' dèanamh air Afraga as t-fhoghar – na chadal ann an toll fad a' gheamhraidh.[21] Rinn *HBB* iomradh air a' chreideamh seo: '*A current belief in North Uist, and also in other islands of the archipelago, regarding this species, is, that it hibernates in winter in holes, under stones, and in moss-dykes.*'[22]

NA H-AINMEAN

Tha e coltach gun robh dùil aig MacGilleMhìcheil sreath leabhraichean fhoillseachadh mu nàdar agus eachdraidh anns na h-Eileanan an Iar:

During the 1870s Carmichael was also increasingly preoccupied with the idea of compiling a guidebook, or indeed a series of volumes, concerning the natural history, the history, and the culture of the Outer Hebrides, working up for the general public the 'mass of stuff about birds beasts fishes and antiquities', the 'plenty of raw materials scattered over a backload of scrapbooks' he had gleaned throughout the islands over the years.[23]

Gu mì-fhortanach, cha do choilion e an t-amas seo, ach chaidh cuid de na facail, abairtean agus fiosrachadh eile a bha ceangailte ri nàdar fhoillseachadh ann an *Carmina Gadelica*, gu h-àraidh ann an *CG* ii (1900) agus, fada às dèidh a bhàis, ann an *CG* vi (1971). A bharrachd air sin, tha fios gun tug e taic dha daoine eile a bha a' cruinneachadh ainmean eun aig an àm. Thathar a' toirt luaidh air MacGilleMhìcheil ann an co-dhiù dà leabhar agus aon sreath altan, is iad uile air am foillseachadh mus do nochd a' chiad dà leabhar san t-sreath *Carmina Gadelica* ann an 1900:

> ➤ *Birds of the West of Scotland including the Outer Hebrides* le Raibeart Gray (1871)

> ➤ Dà alt anns na *Transactions of the Gaelic Society of Inverness* le Teàrlach MacFhearghais (1885 agus 1886), air a bheil '*The Gaelic names of birds*'[24]

> ➤ *A Vertebrate Fauna of the Outer Hebrides* le J. A. Harvie-Brown agus T. E. Buckley (1888)

Le a bhith a' cur fiosrachadh bho na tùsan seo ri chèile, 's urrainnear beachd fhaighinn air meud na h-obrach a rinn MacGilleMhìcheil a thaobh ainmean eun. Ach feumar aire a thoirt cuideachd dha na pàipearan a th' air an gleidheadh ann an Cruinneachadh MhicGilleMhìcheil MhicBhatair. Nam measg, tha trì bogsaichean làn bhileagan air na sgrìobh MacGilleMhìcheil notaichean air eòin, beathaichean, èisg agus lusan.[25] Ged nach deach mion-sgrùdadh a dhèanamh air na notaichean seo fhathast, tha fios gu bheil tòrr ainmean eun ann, is feadhainn dhiubh gun nochdadh ann an *Carmina Gadelica*,

HBB no gin de na tùsan eile air a bheilear a' toirt luaidh anns an sgrìobhainn seo.

Gray (1871), *Birds of the West of Scotland*

Anns an ro-ràdh aige, thug Raibeart Gray, ùghdar an leabhair *Birds of the West of Scotland*, taing dha MacGilleMhìcheil agus triùir eile a bh' air taic a thoirt dha ann a bhith a' cur ainmean Gàidhlig air eòin.[26] Sgrìobh MacGilleMhìcheil ann an litir gu Harvie-Brown (18 Màrt 1871):

> *It will afford me very sincere pleasure indeed to prepare for your acceptance a list of the Gaelic names of birds. I sent Mr Gray at his request a list like this which I suppose will appear in his work in due time.*

Tha e coltach gum b' ann bho na leabhraichean aig Lightfoot (1777) agus MacGillivray (1837–52) a thog Gray àireamh mhath de na h-ainmean a dh'fhoillsich e. Mar eisimpleir, b' e 'lacha lòchlannach' le 'o' fhada a bh' aig Lightfoot air a' Cholc, agus 's e seo a gheibhear anns an leabhar aig Gray. Ach a rèir coltais, tha ainmean ann cuideachd nach deach fhoillseachadh ro 1871. Chan eil fhios an tàinig gin dhiubh bho MhacGilleMhìcheil, ged-tà.

Tha e soilleir bho na sgrìobh MacGilleMhìcheil anns na litrichean a chuir e gu Harvie-Brown nach do chòrd an leabhar aig Gray idir ris. Bha e den bheachd gum b' ann à mac-meanma Gray a thàinig a' chuid bu mhotha de na bha am broinn an leabhair.

Fergusson (1885–6), *The Gaelic names of birds*

Dh'fhoillsich Teàrlach MacFhearghais liosta fhada de dh'ainmean Gàidhlig eun, ann an dà earrann. Thug e taing dhan t-Siorram MacNeacail airson a' chuideachaidh a fhuair e bhuaithe, agus cuideachd dha MacGilleMhìcheil, '*whose long residence in the Hebrides gave him a thorough knowledge of the many rare birds of the West Coast and of the Gaelic names by which they are known to the Islanders*'.[27] A-rithist, chan eil fianais sam bith anns an sgrìobhainn fhèin air cò na h-ainmean a thug MacGilleMhìcheil dha agus cò an fheadhainn a thàinig bho dhaoine eile no a chaidh a chruinneachadh, ma dh'fhaoidte, le MacFhearghais fhèin bho bheul-aithris.

Tha an conaltradh a fhuair MacGilleMhìcheil ri Harvie-Brown a' cur solas a bharrachd air a' chùis. Sgrìobh MacGilleMhìcheil (29 Màrt 1887):

> *I am about doing a thing most repugnant to me. A man of the name of Ferguson* [sic] *asked me through a friend some five or six years ago to help him to collect the Gaelic names of birds. It so happened that I had been making up a list for some years and I sent him my entire MS. some twenty or so sheets of foolscap. The fellow gave the work as his own and said that he got some notes from me! I am urged to expose him a thing I am most unwilling to do. Two others whom I would never suspect but who it appears are known as pirates have done to me the same as Ferguson.*

Ann an litir eile a chaidh a sgrìobhadh sia làithean na b' anmoiche, bha MacGilleMhìcheil a' cumail a-mach gun robh ainmean Gàidhlig air 200–300 eun eadar-dhealaichte anns an liosta a thug e dha MacFhearghais. Ach bha fhearg air lùghdachadh, a rèir coltais:

> *To Ferguson* [sic] *himself – at least not to me – belongs the merit of arranging these and extending them and for this he deserves credit. I would not for a moment claim more merit than lending Ferguson sheets of Gaelic names of birds, the foundation of his work I believe, and of which he makes no mention.*

Tha e duilich a bhith cinnteach an-diugh gu dè an ìre a bha
an gearan aig MacGilleMhìcheil fìrinneach. B' esan a thug
ainmean Gàidhlig dha Harvie-Brown cuideachd (seallaibh
seo shìos), ach chan eil ach 142 gnè eun le ainm no ainmean
Gàidhlig ann an *HBB*. Le sin tha e gu math cinnteach gun
deach e thar fìrinn le a bhith a' sgrìobhadh '200–300'. Tha
e inntinneach cuideachd nach eil ach cuid de na h-ainmean
Gàidhlig a dh'fhoillsich MacFhearghais rim faicinn cuideachd
ann an *HBB*, a nochd trì bliadhna nas anmoiche. Seo, mar
eisimpleir, ainmean na h-Iolaire-mara:

MacFhearghais	*HBB*
Earn	Iolair Bhreac
Iolair-mhara	Iolair Chladaich
Iolair-bhan	
Iolair-bhuidhe	
Iolair riabhach	
Iolair-chladaich	
Iolair Suil-na-Greine	
Iolair-fhionn	

Dh'fhaodadh mar sin gun robh MacGilleMhìcheil a' cur ris
an fhìrinn nuair a thagair e gum b' ann bhuaithe-san a thàinig
a' mhòr-chuid de na h-ainmean a dh'fhoillsich MacFhearghais.
Ach air an làimh eile, tha e coltach nach tug e na h-ainmean uile
a bh' aige dha Harvie-Brown.

Harvie-Brown & Buckley (1888), *The Vertebrate Fauna of the Outer Hebrides*

B' e *HBB* an tùs fiosrachaidh a bu chudromaiche air eòin
anns na h-Eileanan an Iar fad faisg air ceud bliadhna. Anns an

13

ro-ràdh, thathar a' toirt taing dha MacGilleMhìcheil airson na
h-obrach a rinn e air ainmean Gàidhlig, an dà chuid ainmean
eun agus ainmean ainmhidhean eile. Mar a chunnaic sinn mar-
thà, dh'aontaich MacGilleMhìcheil ann an 1871 gun toireadh
e liosta ainmean dha Harvie-Brown.

Ann an 1888, is e air dreach *HBB* fhaicinn, dh'fhàs
e iomgaineach mun dòigh air an robhar a' feuchainn ri
freumhachd feadhainn de na h-ainmean Gàidhlig eun a
mhìneachadh le a bhith gan eadar-theangachadh gu litireil gu
Beurla. Mar eisimpleir, cha robh e toilichte le '*greedy black one*'
mar thionndadh Beurla air 'lon dubh' agus '*prattling female*'
mar thionndadh air 'lonag'. Sgrìobh e gu Harvie-Brown (10
Giblean 1888):

> *From these remarks you will pardon me if I use the freedom*
> *of asking your permission to append my initials to the names*
> *I give and to the interpretations and further, to state in a note,*
> *that I am responsible only for the names and interpretations*
> *to which my initials are attached.*

Mar thoradh air an iarrtas seo, 's urrainnear a bhith deimhinnte
às gum b' e MacGilleMhìcheil a bu choireach ris a h-uile ainm
Gàidhlig, cha mhòr, ann an *HBB*. Gheibhear liosta iomlan
dhiubh ann an Leasachadh 2, anns a bheil còrr is 430 ainm
Gàidhlig airson 142 gnè eun. Chan ann an cuid dhiubh ach
dòighean eadar-dhealaichte air an aon ainm a litreachadh, ged-
tà. Chithear gu bheil mòran dhiubh air an eadar-theangachadh
gu litireil gu Beurla, ach gun 'lon dubh' agus 'lonag' a bhith
nam measg.

Anns an dol seachad, is fhiach luaidh a dhèanamh air na
duilgheadasan a th' ann le cuid den fhiosrachadh fhreumh-
fhaclach a thug MacGilleMhìcheil fhèin seachad. Mar eisimpleir,
dh'fheuch e ris na h-ainmean 'gearra-bhall' agus 'lainnir' a
mhìneachadh mar gum b' e ainmean Gàidhlig a bh' annta bho

thùs. Ach a rèir coltais, b' ann bhon ainm Lochlannach '*geirfugl*' a thàinig 'gearra-bhall', agus theagamh gu bheil ceangal eadar an t-ainm Beurla '*lanner*' (a thàinig bhon Fhrangais '*lanier*') agus an t-ainm Gàidhlig 'lainnir' (no 'lannair'), a bh' aig cuid air an t-Seabhaig-ghuirm.

Bha buaidh mhaireannach aig *HBB* air eun-eòlaichean aig an robh ùidh anns a' Ghàidhealtachd, agus tha e coltach gun deach a chleachdadh leis a' chuid mhòir de na daoine a chuir liostaichean ainmean Gàidhlig eun ri chèile bhon àm sin a-mach. Tha àireamh mhath de na h-ainmean Gàidhlig eun a chaidh fhoillseachadh o chionn ghoirid anns an leabhar *The Birds of Scotland* (Leasachadh 1), mar eisimpleir, a' nochdadh ann an *HBB* cuideachd (Leasachadh 2).

Carmina Gadelica (1900–1971)

Seach nach iad eòin prìomh chuspair *Carmina Gadelica*, chan eil e furasta dealbh iomlan fhaighinn air ainmean eun, oir tha iad sgapte an siud 's an seo thairis air sia leabhraichean. Ach ma chuirear liosta choilionta ri chèile (Leasachadh 3), chithear nach eil uimhir de ghnèithean air an riochdachadh 's a tha ann an *HBB* (mu 70 an coimeas ri 142), agus nach eil uimhir de dh'ainmean ann nas motha (mu 275 an coimeas ri 430). Chan iongnadh gur e eòin a tha aithnichte agus cudromach ann am beul-aithris, mar an eala, an Tàrmachan agus a' Chuthag, an fheadhainn as trice a nochdas. Mar eisimpleir, tha 16 ainmean Gàidhlig ann airson an Tàrmachain, ged as e an t-aon ainm bunaiteach as coireach ris an leth dhiubh. Air an làimh eile, chan eil an Geadh-bhlàr, an Clamhan-lòin, Breac-an-t-sìl, agus gnèithean eile den leithid, air a bheil ainmean Gàidhlig ann an *HBB*, rim faighinn ann an *Carmina Gadelica* idir. Feumaidh gun robh MacGilleMhìcheil air oidhirp shònraichte a dhèanamh air ainmean Gàidhlig fhaighinn airson na b'

15

urrainn dha de ghnèithean, ach cha robh adhbhar aigese no aig an luchd-deasachaidh a thàinig às a dhèidh luaidh a thoirt air a' chuid mhòir dhiubh ann an *Carmina Gadelica.*

Ann a bhith a' coimhead air na h-ainmean Beurla ann an Leasachadh 3, feumar cuimhneachadh gum b' e an luchd-deasachaidh a dh'eadar-theangaich cuid de na h-òrain is eile a chaidh fhoillseachadh ann an *CG* iii–v, ged a b' e MacGilleMhìcheil fhèin a sgrìobh na notaichean Beurla. B' e esan cuideachd a chuir Beurla air na h-ainmean ann an *CG* vi, far a bheil notaichean an deasaiche ann an camagan. Tha a' chuid as motha de na h-ainmean eun ann an *CG* iii–v rim faighinn cuideachd ann an *HBB* no ann an *CG* i, ii no vi, ged-tà. Chan eil ach còig no sia tionndaidhean Beurla ann nach urrainnear a chur às leth MhicGilleMhìcheil fhèin. Mar eisimpler, tha '*rook*' ann mar eadar-theangachadh air 'feannag'[28], ach bha e na chleachdadh aig MacGilleMhìcheil '*(hooded) crow*' a chur air 'feannag' anns a' Bheurla. Dh'fhaodadh nach biodh e a' dol le '*hedge-sparrow*' mar thionndadh air 'riabhag'[29] nas motha, oir 's e an Riabhag-mhonaidh a bhios an t-ainm 'riabhag' a' comharrachadh mar as trice (m.e. Leasachadh 2).

Luach a chuid obrach

Gus tomhas a dhèanamh air luach na h-obrach-cruinneachaidh a rinn MacGilleMhìcheil, faodar coimhead air ainmean eun ann an liostaichean agus faclairean a chaidh fhoillseachadh aig àm na bu tràithe. Thagh mi deich ainmean Gàidhlig bho *HBB* agus *Carmina Gadelica* i agus ii, is iad gun a bhith am measg na feadhainn as aithnichte an-diugh, agus chaidh mi air an tòir taobh a-staigh feadhainn de na tùsan tràtha.[30] Cha d'fhuair mi lorg air ach còig dhiubh:

Gàidhlig	Tùs	Beurla	An deach a lorg?
Bior an Iasgair	*HBB*	*Kingfisher*	✓
Bòdhag/Bòthag	*CG/HBB*	*Ringed Plover*	✓
Ceann-dearg(an)	*HBB*	*Redstart*	✓
Ceolan-cuilc	*HBB*	*Sedge Warbler*	✗
Fèaran	*CG*	*Woodpigeon/ Stock Dove*	✓
Fosgag	*CG*	*Skylark*	✗
Gealag-bhuachair	*HBB*	*Corn Bunting*	✓
Gormag	*HBB*	*Hobby*	✗
Obag	*HBB*	*Hobby*	✗
Uiseag-dubh	*HBB*	*Rock Pipit*	✗

Le sin 's urrainnear a bhith gu math deimhinnte às gun d'fhuair MacGilleMhìcheil lorg air grunn ainmean nach robh air an clàrachadh mar-thà le daoine eile, no co-dhiù air ainmean nach b' aithne dha faclairichean agus eòlaichean an latha (ach seallaibh seo shìos airson 'fosgag'). Le a bhith gam foillseachadh, rinn MacGilleMhìcheil is eile cinnteach gun deigheadh na h-ainmean seo a thoirt gu aire tòrr dhaoine nach biodh eòlach orra mar-thà, agus gun nochdadh iad an uairsin ann an liostaichean ainmean eun shuas gus an latha an-diugh.

Feumar sùil a thoirt cuideachd air ciall nan ainmean. Gu dearbha fhèin, ma nochdas ainm eòin ann an òran no ann am pìos bàrdachd, chan eil e riatanach gum biodh fios aig an leughadair dìreach cò a' ghnè a tha an t-ainm sin a' comharrachadh. Tha e ceart gu leòr tuigse fharsaing a bhith aige no aice. Agus ma tha luchd-labhairt na Gàidhlig a' cur ainm sònraichte air eun air a bheil iad eòlach, chan eil e gu diofar dhaibhsan an gabh no nach gabh an t-ainm sin eadar-theangachadh gu cànan

sam bith eile. Ach bho shealladh an eun-eòlaiche no an neach
a tha a' cur liosta ainmean ri chèile, chan eil ainm Gàidhlig
eòin 'earbsach' ach ma tha fios cò a' ghnè a chomharraicheas
e. Mar as trice, tha seo a' ciallachadh gu feumar coimhead air
an tionndadh Beurla, oir tha ainmean Beurla eun air an toirt
gu bun-thomhas o chionn fhada. Tha cuid de dh'ainmean
Gàidhlig, air an làimh eile, air a dhol a-mach à cleachdadh,
mar a dh'aidich MacGilleMhìcheil fhèin. Le sin dh'fhaodadh
teagamhan a bhith ann mun deidhinn.

Bha làn fhios aig MacGilleMhìcheil fhèin air cho duilich 's
a bha e na h-ainmean Beurla 'ceart' a lorg, agus mhìnich e na
duilgheadasan dha Harvie-Brown (3 Dùbhlachd 1887):

*Invariably the observant old people from whom I get the
old names [...] have no knowledge whatever of the
corresponding English name of the birds etc whose Gaelic
name they give me. When I also do not know the English
name I note down a description of the bird as given me by
the old people. And after all I often find it difficult sometimes
impossible to classify the bird under its correct English name
much as I puzzle over it.*

Rinn e gearan cuideachd mu na h-ainmean eadar-dhealaichte
a bh' air eòin ann an sgìrean eadar-dhealaichte (5 Dùbhlachd
1887), agus chrìochnaich e le: '*Many other examples could be
mentioned making it exceedingly difficult for a simple lover of
nature and not a naturalist to unravel the tangled skein of Gaelic
names.*'

Ma bheirear sùil air na h-ainmean ann an Leasachadh 2
agus 3, chithear gu bheil duilgheadas a bharrachd ann. 'S e
seo gum faod an t-aon ainm a bhith air a chur air co-dhiù dà
ghnè eadar-dhealaichte. Mar eisimpleir, tha 'ceann-dubh' aig
HBB mar ainm air trì eòin nach eil càirdeach dha chèile idir:
an Ceann-dubh (*Blackcap*), Faoileag-a'-chinn-duibh (*Black-*

headed Gull) agus a' Chailleachag-lòin (*Marsh Tit*). Ann an *Carmina Gadelica*, tha 'clacharan' air eadar-theangachadh uaireannan mar '*wheatear*' agus uaireannan mar '*stonechat*'. Chan eil adhbhar ann a bhith a' creidsinn gu bheil gin de na h-ainmean seo ceàrr air dòigh sam bith, ach bhiodh 'clacharan', mar eisimpleir, na ainm ionadail air a' Bhrù-gheal ann an aon sgìre agus air a' Chlacharan ann an sgìre eile. Le sin, dh'fheumadh an neach a bhios ri òran eadar-theangachadh, is e gun a bhith mion-eòlach air ainmean ionadail na sgìre far an deach an t-òran a chlàrachadh, tuaiream a dhèanamh nan tachradh e air fear de na h-ainmean seo.

Nuair a bha e ag ullachadh stuth dha *Carmina Gadelica* i agus ii, b'fheudar dha MacGilleMhìcheil aghaidh a thoirt air dùbhlan eile, mar a mhìnich Iain Latharna Caimbeul:

> *At the time when Carmichael collected his material, he had to record in writing many obsolete and dialect words [...] It is therefore not surprising that some of the words or forms of words which he recorded appear to be odd. When he came to translate his material, almost a generation later, many of the original reciters must have been dead [...] Moreover, Carmichael does not seem to have been a naturalist, and many of the terms he collected referred to natural history.*[31]

Le sin gabhaidh e creidsinn gum biodh e uabhasach fhèin duilich dha duine sam bith liosta ainmean fìor cheart agus earbsach a chur ri chèile. Ach dh'fhaodadh gun robh cùisean na bu dhuilghe dha MacGilleMhìcheil air sgàth 's nach robh sàr eòlas aige air na h-eòin fhèin. Tha e coltach gun robh Harvie-Brown, eun-eòlaiche mionaideach pongail, mothachail air sin. Chuir e liosta cheistean gu MacGilleMhìcheil, is iad ag amas air ainmean a bha na bheachd-sa teagmhach air dòigh air choireigin. Thug na ceistean seo air MacGilleMhìcheil a bheachdan atharrachadh mu chuid de na h-ainmean.

Gus tuigse nas fheàrr fhaighinn air na duilgheadasan air an tug MacGilleMhìcheil aghaidh, is fhiach sùil a thoirt air corra eisimpleir.

Ceann-dearg (= Earr-dearg, *Redstart*)

Cha robh Harvie-Brown deònach gabhail ris an ainm 'ceann-dearg' air sgàth 's nach eil ceann dearg aig an eun air a bheil '*Redstart*' sa Bheurla ('s e seann fhacal airson earbaill a th' ann an *start*). Dh'aidich MacGilleMhìcheil gum b' e mearachd a bh' ann agus gum b' e an Deargan-fraoich, ma dh'fhaoidte, an ceann-dearg. Cha tug Harvie-Brown agus Buckley iomradh air a' bheachd seo, ach sgrìobh iad, fon cheann '*Redstart*':

> *Gaelic* – Ceann-dearg: Ceann-deargan = *red-head; the little red-head. Names relate to the red head, rather than the red breast, of the bird, and are wrongly applied.* – A.C.

Tha e soilleir, ged-tà, nach b' e MacGilleMhìcheil idir a bu choireach ris a' mhì-thuigse a bh' ann a thaobh an ainm seo. Tha 'ceann-dearg' no 'ceann-deargan' a' nochdadh gu tric mar eadar-theangachadh air 'redstart', bho àm Alasdair Mhic Mhaighstir Alasdair a-mach:

Mac Mhaighstir Alasdair 1741[32]	An ceanndeargan
Lightfoot 1777	Ceann-dearg
Shaw 1780	Ceanndeargan
Armstrong 1825	Ceann-dearg
	Ceann-deargan
	Earr-dhearg
	Cam-ghlas[33]
	Gob-labhradh

Highland Society 1828	Ceann-dearg
	Ceann-deargan
MacLeod & Dewar 1853	Ceann-dearg
	Ceann-deargan

Dh'fhaodadh gur e mì-thuigse a thaobh ciall na h-eileamaid '*start*' a th' air cùl an ainm 'ceann-dearg', no co-dhiù air cùl a' cheangail a chaidh a dhèanamh eadar an t-ainm agus a' ghnè a tha e a' comharradh a rèir Alasdair Mhic Mhaighstir Alasdair is eile. Feumar cuimhneachadh cuideachd gu bheil teagamhan air an cur an cèill mu chuid de na h-ainmean eun a thug Alasdair Mac Mhaighstir Alasdair seachad.[34] Ach eadar gun robh no nach robh mì-thuigse air choireigin ann, tha a' mhòr-chuid de na liostaichean ainmean eun a chaidh fhoillseachadh às dèidh 1900 fhathast a' cleachdadh 'ceann-dearg', a dh' aindeoin an rabhaidh ann an *HBB*.

Uiseag choille (*Woodlark*)

Bha Harvie-Brown teagmhach mun ainm 'uiseag choille' mar thionndadh Gàidhlig air '*woodlark*', air an adhbhar gun robh an t-eun seo glè ainneamh ann an Alba. Às dèidh dha Harvie-Brown a' cheist a thogail, dh'aontaich MacGilleMhìcheil gun dèanadh e barrachd cèille 'uiseag choille' a chur air *Tree Pipit* (Riabhag-choille), gu h-àraidh leis gun robh 'uiseag' aig cuid air an Riabhaig-mhonaidh (*Meadow Pipit*) seach air an Uiseig fhèin. Ann an *HBB*, ged-tà, tha *Woodlark* agus *Tree Pipit* le chèile gun ainm Gàidhlig.

A-rithist, cha b' e MacGilleMhìcheil a bu choireach ris an troimh-chèile, oir bha daoine air a bhith ag eadar-theangachadh '*woodlark*' mar 'riabhag choille' agus 'uiseag choille' o chionn fhada:

21

Lightfoot 1777	Kiabhag-choille [*sic*]
Shaw 1780	Riabhag choille
	Uisag choille
Armstrong 1825	Riabhag choillteach
	Uiseag choille
Highland Society 1828	Uiseag choille
MacLeod & Dewar 1853	Riabhag choille
	Uiseag choille

Aig aon àm b' e *'lark'* an t-ainm Beurla cumanta air a h-uile seòrsa riabhaige (*pipit*). A rèir coltais, cha deach sgaradh follaiseach a dhèanamh eadar an dà bhuidheann eun seo, nach eil dlùth an dàimh, gus an 19^{mh} linn. Feumar cuimhneachadh cuideachd nach biodh daoine eòlach idir air an Uiseig-choille, no air an Earr-dhearg, anns na h-Eileanan an Iar far an do rinn MacGilleMhìcheil a' chuid mhòr den obair-chruinneachaidh aige. Mar sin dh'fhaodadh gum b' ann bho leabhraichean a fhuair e na h-ainmean Gàidhlig a thug e gu Harvie-Brown. Chan eil fear seach fear dhiubh a' nochdadh ann an *Carmina Gadelica*.

Snag

Chan eil an t-ainm 'snag' ann an *HBB*, ach tha e a' nochdadh ann an *Carmina Gadelica* ann an earrann bàrdachd: 'Thig a' chuthaig, thig an t-snag'.[35] Dh'eadar-theangaich MacGilleMhìcheil 'snag' mar *'nightjar'* (Seabhag-oidhche). Gheibhear barrachd fiosrachaidh air an ainm ann an *Carmina Gadelica* vi:

> **an t-snag**. *The nightjar. See ii, 299. The snag is a summer bird, small, with a bluish head. It is also called* gocan cuthaige.
>
> Thig a' chuthag anns an Earrach
> 'S thig an t-snag 's a' Chéitean.

The cuckoo will come in the Spring and the night-jar in the May-month.

Cho sgiobalta ris an t-snag, *as trim and clever as the nightjar.*[36]

A rèir an deasaiche, Aonghas MacMhathain, tha troimh-chèile ann an seo. 'S e snagan-daraich (*woodpecker*) seach Seabhag-oidhche a th' anns an t-snaig; agus tha fios gun canadh cuid 'gocan-cuthaige' ris an Riabhaig-mhonaidh, eun air a bheil 'snàthadag', 'snàthdag' agus 'snàthag' cuideachd. Bha MacMhathain den bheachd gun robh ceangal ann eadar an t-ainm 'snag', mar a chaidh a chlàrachadh le MacGilleMhìcheil, agus 'snàthag'. Gu dearbh, 's e '*woodpecker*' an t-aon tionndadh Beurla a th' air 'snag' anns na tùsan tràtha.

Ach tha duilgheadas ann leis a' mhìneachadh a thug Matheson seachad cuideachd. Ged as ann sa Chèitean a bhios an t-Seabhag-oidhche a' nochdadh, chan eil an aon rud fìor idir leis an Riabhaig-mhonaidh, oir 's e eun a bhios a' fuireach ann an Alba fad na bliadhna a th' ann. Fiù 's anns na ceàrnaidhean sin far nach bith ach grunnan eun air fhàgail sa gheamhradh, bidh càch air tilleadh ro mheadhan a' Mhàirt.

Leis an fhìrinn innse, chan eil an tuairisgeul a thug MacGilleMhìcheil seachad ('*a summer bird, small, with a bluish head*') a' freagairt ris an t-Seabhaig-oidhche no ris an Riabhaig-mhonaidh. Tha e a' freagairt ri eun eile, ged-tà. 'S e seo an Gealan-coille, eun beag beadaidh a tha airidh air a' bhuadhair 'sgiobalta'. Ach mas e an t-eun seo an t-snag, chan eil fianais a bharrachd ri faighinn ann an àite sam bith. 'S e 'geala(cha)g'[37] an t-aon ainm Gàidhlig eile air a' Ghealan-choille, a rèir coltais.

Fosg(ag) (= Uiseag, *Skylark*)

Ged a chanadh a' chuid mhòr de na Gàidheil 'uiseag' no 'topag' ris an Uiseig, 's e 'fosg' (cuideachd 'fosga', 'fosgag', 'fosgag

Mhoire') an t-ainm as pailte ann an *Carmina Gadelica*.[38] Chan
eil an t-ainm 'uiseag' a' nochdadh ach dà thuras, anns an tàladh
air an tugadh luaidh seo shuas[39] agus aig oir na duilleige ri
taobh earrann den òran 'Mairearad Bhòidheach'.[40] Tha seo
inntinneach oir 's e 'uiseag', 'uiseag Mhoire', agus 'reamhag' (=
riabhag) a gheibhear fon cheann '*Skylark*' ann an *HBB*, agus
'uiseag' agus 'riabhag' anns na h-altan aig MacFhearghais.

Le sin tha e coltach nach robh an t-ainm 'fosg(ag)'
a' nochdadh anns na liostaichean ainmean a chuir
MacGilleMhìcheil gu daoine eile anns an 1880an. Cha
d'fhuaras lorg air ann an gin de na tùsan tràtha nas motha
(seallaibh seo shuas), agus le sin dh'fhaodadh gum b' e
MacGilleMhìcheil a' chiad fhear a chlàraich an t-ainm seo.
Thog an sgoilear Seòras MacEanraig ceist mu dheidhinn
nuair a rinn e sgrùdadh air an stuth a bha MacGilleMhìcheal
am beachd fhoillseachadh ann an *Carmina Gadelica*. A rèir na
sgrìobh MacEanraig gu MacGilleMhìcheil (12 Màrt 1896),
cha robh e fhèin eòlach air an ainm:

> Thig an fhosg a adhar. *'Come will the lark from the sky'.*
> Is fosg *in current use in this sense anywhere? There is an*
> old Gaelic foscaichim = *I go to a distance, and hence* fosc
> *could well be applied to a lark par excellence. In Mull* fosg
> *is used in the sense of 'space', a different word connected*
> *with* fosgailt, *'open'* [...][41]

'S e seo a chuir MacGilleMhìcheil ann an *Carmina Gadelica*:

> Fosg, *lark*, 'fosgag,' *little lark, from* 'fosg,' *open, bird of*
> *the open, bird of the open sky.* 'Fosgag Moire,' 'fosgag
> Mhoire,' *the little lark of Mary, endearingly applied to*
> *the skylark.*[42]

Chì sinn gun do ghabh MacGilleMhìcheil ris na beachdan
aig MacEanraig mar gun robh iad dearbhte, agus gun do

chruthaich e freumhachd dheimhinnte dhan fhacal. A bharrachd air sin, bha Iain Latharna Caimbeul den bheachd gun do rinn MacGilleMhìcheil mearachd ann a bhith a' clàrachadh an loidhne 'Thig an fhosg a adhar' (ann an *Eòlas a' Chrannachain*)[43], oir chaidh 'Thig an fhosgag-adhair' a chlàrachadh anns an aon òran anns an 20[mh] linn.[44] A rèir-san, b' e 'naosgag-adhair' a bu chòir a bhith ann, agus cha b' i an Uiseag an t-eun seo idir ach an Naosg. 'S e argamaid caran lag a tha seo, oir tha e coltach nach deach am facal 'naosgag' a' chlàrachadh a-riamh, ach eadar gun robh no nach robh Caimbeul ceart a thaobh 'naosgag', dh'fhaodadh nach eil an ceangal eadar an t-ainm 'fosgag' agus an Uiseag fhèin cho soilleir 's a bu chòir dha a bhith. A dh'aindeoin sin, tha 'fosgag' a' nochdadh mar eadar-theangachadh air *'skylark'* anns na faclairean aig MacBheathain[45] agus Dwelly[46] fo ainm MhicGilleMhìcheil, agus ann an grunn liostaichean ainmean eun a chaidh a chur ri chèile anns an 20[mh] linn.

DÒIGHEAN-OBRACH

Nuair a nochd *Carmina Gadelica*, bha daoine a' gabhail ris gum b' ann air beul an t-sluaigh a fhuair MacGilleMhìcheil a h-uile càil a bha na bhroinn. Ach anns na 1970an, thòisich deasbad air meud na h-obrach-deasachaidh a bha e, a rèir coltais, deònach a dhèanamh aig amannan.[47]

Tha e soilleir a-nis gun do chuir MacGilleMhìcheil gleans air an stuth a chlàraich e.[48] Nas miosa na sin, às dèidh dha Alan Bruford sgrùdadh a dhèanamh air an sgeulachd *Deirdire*, sgrìobh e: '*There is reason enough here to apply stringent critical standards to everything that Carmichael published or improved for publication [...] we are entitled to accept, if not to expect, the possibility of 'improvement' or even forgery.*'[49]

Air a' chiad sealladh, chan eil ceangal follaiseach eadar an deasbad seo agus ainmean eun. Ach tha feadhainn a' cumail a-mach cuideachd gun robh MacGilleMhìcheil, mar phàirt den obair-dheasachaidh anns an robh e an sàs, a' feuchainn ri seann fhacail theagmhach ath-bheothachadh ('*resurrecting Gaelic words of doubtful provenance*'[50]), seach a bhith a' cleachdadh briathrachas làitheil an t-sluaigh. Dh'fhaodadh fianais a bhuineas ris a' cheist seo agus ri dòighean-obrach MhicGilleMhìcheil san fharsaingeachd a thighinn an àirde tro a bhith a' sgrùdadh nan ainmean a chruinnich agus a dh'fhoillsich e.

Chunnaic sinn leis na h-ainmean 'ceann-dearg' agus 'uiseag choille' gun do chuir Harvie-Brown às leth MhicGilleMhìcheil gun do rinn e mearachdan ann a bhith a' cur tionndadh Beurla air ainmean Gàidhlig. Thachair an aon rud le corra ainm eile. Airson co-dhiù cuid dhiubh, tha a h-uile coltas ann gun tug MacGilleMhìcheil fiosrachadh seachad a fhuair e bho leabhraichean, is e fhèin gun a bhith eòlach idir air na h-eòin a bha fa-near dha. Mar eisimpleir, tha e gu math cinnteach nach biodh MacGilleMhìcheil agus na daoine ris am biodh e a' bruidhinn eòlach air an Uiseig-choille, a bha cho tearc ann an Alba. Ach nam b' ann bho leabhraichean a fhuair e ainmean den leithid, tha e coltach nach robh e deònach iomradh a thoirt air a thùsan fiù 's nuair a bha e fo chasaid gun robh e air ainmean 'ceàrr' a thoirt gu Harvie-Brown. Dh'fhaodadh gu bheil seo ag innse rudeigin mun dòigh air an robh e ag obair. Sgrìobh Raghnall MacilleDhuibh mu dheidhinn: '*A sure sign of amateur scholarship is the tendency to cover up one's tracks rather than expose them to scrutiny. Carmichael did this.*'[51]

Nam b' e eòlaiche-nàdair MacGilleMhìcheil, dh'fhaodadh gum biodh e air sùil nas gèire a thoirt air feadhainn de na h-ainmean a thug e seachad. Dh'fhaodadh cuideachd gum biodh e air troimh-chèile a sheachnadh a thaobh an ainm 'snag' agus feadhainn eile mar 'giadh gaob', air nach eilear a' beachdachadh an seo.

A thaobh a bhith a' beachdachadh air a dhòighean-obrach, chan eil teagamh nach e an t-ainm 'fosgag' am ball-sampaill as inntinniche. Feumar cuimhneachadh gun deach a' mhòr-chuid den stuth ann an *Carmina Gadelica* a chlàrachadh fada mus do dh'fhoillsich MacFhearghais, no Harvie-Brown agus Buckley, na h-ainmean a thug MacGilleMhìcheil dhaibh. Ach ged nach eil 'fosgag', 'fosg' no 'fosga' a' nochdadh ann an *HBB* no anns na h-altan aig MacFhearghais, is iadsan a-mhàin a gheibhear ann an *Carmina Gadelica* i agus ii. Cha mhòr gu bheil seachnadh air a' cho-dhùnadh gun robh MacGilleMhìcheil, uaireigin eadar 1888 (nuair a chaidh *HBB* fhoillseachadh) agus 1896 (nuair a bha Seòras MacEanraig a' dèanamh sgrùdadh air a chuid obrach), air cur roimhe gum biodh e a' cur cùl ri 'uiseag' agus a' cur 'fosgag' agus a leithid na àite air feadh *Carmina Gadelica*.

Tha beagan fianais a bharrachd ri faighinn ann an *Carmina Gadelica* v, far a bheil na facail 'fhusg', 'fhosg' agus 'uiseag' a-nochdadh ri taobh dà loidhne anns an òran *Mairearad Bhòidheach*:

Nara seinnear dha'n smùid os cionn do bhùith,   [fhusg, fhosg,
Nara faicear dha d' shùil an cruth tha fo d' chrios.   uiseag[52]

Ged a bha e na chleachdadh dha MacGilleMhìcheil seo a dhèanamh, ann an *Carmina Gadelica* i agus ii, mura robh e buileach cinnteach dè thuirt an aithrisiche, tha an eisimpleir seo annasach air sgàth 's gu bheil am facal anns an rann fhèin ('smùid') gu tur eadar-dhealaichte bho na facail a dheigheadh a chur na àite ('fhusg', 'fhosg', 'uiseag'). Le sin is iongantach gur i mì-chinnt as coireach ris gu bheil iad ann. Tha e nas coltaiche gun robh MacGilleMhìcheil ag obair air an teacsa agus a' feuchainn ri facal nas freagarraiche a thaghadh an àite 'smùid'.[53] Bhiodh e mothachail nach e eun a bhios a' seinn anns an speur a th' anns an smùid[54], agus gum faoidte 'leasachadh' a dhèanamh air an rann le a bhith a' cur ainm mar 'uiseag' no 'fosg' ann. Aig an ìre sin, ged-tà, cha bhiodh e fhathast air tighinn gu cò-dhùnadh air cò an t-ainm a b' fheàrr. Nam biodh an òran air nochdadh ann an *Carmina Gadelica* i no ii, cha bhiodh MacGilleMhìcheil air na h-ainmean seo uile a ghleidheadh, ach seach gum b' e an deasaiche a chuir stuth ri chèile airson *Carmina Gadelica* v, chaidh an t-òran fhàgail mar a bha e nuair a bha MacGilleMhìcheil ag obair air.

Tha an eisimpleir seo na comharra air mar a bha MacGilleMhìcheil an sàs ann an obair-dheasachaidh. Tha i cuideachd a' toirt taic dhan bheachd aig Seumas MacDhonnchaidh, is e a' cumail a-mach gun robh MacGilleMhìcheil a' cur cuideam air seann fhacail, nach robhar a' cleachdadh tuilleadh, gus blas àrsaidh a thoirt dhan stuth a dh'fhoillsich e.[55] A bharrachd air sin, ma tha sinn a' gabhail ris na sgrìobh Iain Latharna Caimbeul,[56] dh'fhaodadh nach robh an t-ainm 'fosgag' air an Uiseig a-riamh. Ach chan ann an sin ach tuairmeas.

OBAIR GUN DUAIS?

Ma tha sinn a' gabhail ris gun robh MacGilleMhìcheil ri obair-dheasachaidh nach beag aig amannan, agus gu bheil feadhainn de na h-ainmean eun a chruinnich e teagmhach air dòigh air choireigin, chan eil seo ri ràdh nach eil luach anns na rinn e. 'S e stòras dualchasach air leth a th' ann an *Carmina Gadelica* agus gheibhear tòrr fiosrachaidh air eòin na bhroinn. Fiù 's mur eil am fiosrachadh seo daonnan buileach ceart bho shealladh an eun-eòlaiche, tha *Carmina Gadelica* na chomharra luachmhor air mar a bha daoine a' faicinn agus a' beachdachadh air nàdar aig an àm. A thaobh nan ainmean fhèin, eadar gun deach fhoillseachadh ann an *Carmina Gadelica* no ann an sgrìobhainnean eile, tha e gu math cinnteach gum biodh feadhainn air a dhol à bìth gun fhios dha duine sam bith mura biodh MacGilleMhìcheil air an clàrachadh.

Tha e coltach gun robh MacGilleMhìcheil a' cur cheistean air fhèin aig amannan mu luach na h-obrach anns an robh e an sàs. Uaireannan tha e coltach gum b' e dragh mu chor na Gàidhlig a bh' air cùl nan teagamhan a chuir e an cèill. Uaireannan eile, bha e a' faireachdainn gun robh daoine eile a' faighinn buannachd às a shaothair fhèin, gun bhuidheachas sam bith a thoirt dha, mar a chunnaic sinn le MacFhearghais. Sgrìobh e gu Harvie-Brown (3 Dùbhlachd 1887):

> *In conclusion I am rather inclined to give up the thankless task of collecting Gaelic names, traditions, superstitions, proverbs and rhymes and runs about birds, beasts, reptiles, fishes, and shell-fishes. It is rather disheartening to a man like myself who impoverished himself in rescuing what he could of the rapidly dying out oral literature of his native countrymen [...] to find so much filching of the results of his labours among so many of his fellow countrymen and that without the slightest indication of their sources. [...] I sometimes feel so disheartened as to be inclined to throw my whole gathering of some thirty years work into the fire and be done with it!*

Gu mì-fhortanach, cha b' urrainn fios a bhith aige gum biodh daoine fhathast a' cur luach mòr air a chuid obrach fada às dèidh a bhàis. Dh'fhaodadh gum biodh sin air beagan misneachd a thoirt dha. Dhan eun-eòlaiche a leughas *Carmina Gadelica* no a nì sgrùdadh air tùsan nan ainmean Gàidhlig eun air a bheil sinn eòlach an-diugh, tha e cho soilleir 's a ghabhas nach b' i obair gun duais idir an obair-chruinneachaidh a rinn MacGilleMhìcheil. Agus chan ann anns an obair sin ach pàirt bheag den dìleab a dh'fhàg e.

Obair gun Duais?

Notaichean air an teacsa Ghàidhlig

1   Mar eisimpleir, Fergusson 1885–6, Forbes 1905, RSPB & Comataidh Craolaidh Gàidhlig (gun cheann-làtha).
2   Mar eisimpleir, Harvie-Brown & Buckley 1888, Cunningham 1983.
3   Pitman 1983.
4   Domhnall Uilleam Stiùbhart, aithris phearsanta.
5   Forrester *et al.* 2007: 1613–1618.
6   www.bou.org.uk/recbrlst1.html
7   Mar eisimpleir, Shaw 1780, Armstrong 1825.
8   Mar eisimpleir, Lightfoot 1777, MacGillivray 1837–52.
9   *CG* v: ix.
10 Cruinneachadh MacGilleMhìcheil MhicBhatair, LS 108, fon. 16^v–17^r.
11 *CG* v: 368.
12 *CG* iv: 108–10.
13 Ged a tha 'smùidein' air eadar-theangachadh mar '*turtle-dove*' an seo, dh'fhaodadh gum b' e an deasaiche a bu choireach ris, agus gum biodh MacGilleMhìcheil fhèin air '*wood-pigeon*' a chur na àite. Tha 'smud' agus 'smudan' aig *HBB* air a' Chalman-choille (Leasachadh 2). Tha e coltach nach biodh muinntir Hiort eòlach air fear seach fear de na h-eòin seo co-dhiù.
14 *CG* iv: 106.
15 Gray 1871: 368.
16 *CG* ii: 279.
17 *CG* vi: 94.
18 Cruinneachadh MhicGilleMhìcheil MhicBhatair, LS 499, fo. 740.
19 Campbell 1976, 1978, 1981.
20 Campbell 1978: 7.
21 *CG* ii: 245.
22 Harvie-Brown & Buckley 1888: 48.

23 Stiùbhart 2008: 14.
24 Fergusson 1885, 1886.
25 Cruinneachadh MacGilleMhìcheil MhicBhatair, LS 131 A–C;
    ap Rheinallt & Stiùbhart 2010.
26 Gray 1871: x.
27 Fergusson 1885: 241.
28 *CG* v: 372.
29 *CG* v: 370.
30 Lhuyd 1699–1700 & Mac Mhaighstir Alasdair 1741 (ann
    an Campbell & Thomson 1963); Lightfoot 1777, Shaw
    1780, Armstrong 1825, *Highland Society of Scotland* 1828,
    MacGillivray 1837–52, MacLeod & Dewar 1853.
31 Campbell 1976: 291.
32 Ann an Campbell & Thomson 1963.
33 Tha troimh-chèile an seo oir 's e ainmean eile air a' Mhaor-
    chladaich a th' ann an 'cam-ghlas' agus 'gob-labhradh'.
34 Campbell & Thomson 1963.
35 *CG* ii: 284 (ach air t.d. 299 anns an dàrna clò-bhualadh, 1928, le
    'a' chuthag' seach 'a' chuthaig').
36 *CG* vi: 128.
37 Forbes 1905: 345.
38 *CG* i: 4, ii: 148, 204, 280, iii: 24, 34, v: 289; Leasachadh 3.
39 *CG* v: 368.
40 *CG* v: 364.
41 Campbell 1981: 192.
42 *CG* ii: 280.
43 *CG* ii: 148.
44 Campbell 1981: 192.
45 MacBain 1896.
46 Dwelly 2001.
47 Robertson 1976, Campbell 1978.
48 Black 2008, Stiùbhart 2008.
49 Carmichael 1992: 14.
50 Robertson 1976: 230.

51 Black 2008: 73.
52 *CG* v: 364.
53 Domhnall Uilleam Stiùbhart, aithris phearsanta.
54 Ged a tha 'smùid' air eadar-theangachadh mar '*lark*' an seo (fo
    bhuaidh nan ainmean aig oir na duilleige?), tha dlùth chàirdeas
    eadar 'smùid' agus 'smùidein', agus le sin tha e gu math
    cinnteach gum b' e an Calman-coille no is dòcha an Turtar
    (seallaibh seo shuas) a bha fa-near dhan bhàrd.
55 Robertson 1976: 230.
56 Campbell 1981.

TEACSA BEURLA / *ENGLISH TEXT*

INTRODUCTION

Birds have played an important role in the life and culture of the Gaels for many centuries. It is therefore hardly surprising that there exists a rich store of Gaelic bird names, and that several collections of names have been published over the years.[1] As would be expected, bird names appear in Gaelic dictionaries, from the time of Alasdair Mac Mhaighstir Alasdair (Alexander MacDonald) onwards. And while only a few books have been written about birds in Gaelic, Gaelic names are found in some English-language publications, especially those that deal with the birdlife of the Highlands and Islands.[2]

Amongst those who contributed Gaelic names to these dictionaries and lists is the folklore collector Alexander Carmichael, who earned widespread fame when he published the first two volumes of *Carmina Gadelica* in 1900. Another four volumes appeared after his death. Two were edited by his grandson, James Carmichael Watson, and the other two by Angus Matheson. These books contain hymns, prayers, charms, incantations, songs and tales that Carmichael heard from the people around him, coupled with interesting words and expressions, and notes on many subjects.

The aim of this short work is to investigate Carmichael's importance as a collector of Gaelic bird names by seeking answers to the following questions:

> ➢ Which names did he collect?

> ➢ What qualifications did he have for this kind of collecting work?

> ➢ How reliable are the names he collected?

> ➢ Does the way in which he went about this work throw any light on his working methods in general?

In order to fulfil this aim, I compiled a comprehensive list of Gaelic bird names in *Carmina Gadelica* I to VI (*CG* i–vi) and I reviewed the information and explanations associated with them. Given that only *Carmina Gadelica* i and ii were published by Carmichael himself, due attention was paid to the role the editors may have had in translating and compiling notes for the other volumes in the series.

In order to establish a context for Carmichael's work, I looked at Gaelic bird names published by other authors in the second half of the 19th century, most notably those in *A Vertebrate Fauna of the Outer Hebrides* (1888) by J. A. Harvie-Brown and T. E. Buckley (*HBB*). In order to trace the history of specific names, I also examined dictionaries and books published before Carmichael's time. The letters sent by Carmichael to Harvie-Brown were a valuable source of information. These letters, written between 1871 and 1901, are preserved in the library of the National Museum of Scotland.[3]

I am aware, however, that this document does not provide a comprehensive picture of Carmichael's work on bird names. His papers, which are conserved in the Carmichael Watson Collection in Edinburgh University Library, are known to contain unpublished information about birds.[4]

It is necessary to say a few words about the way bird names are represented in this work. Because my focus is on the work that Carmichael himself carried out, I have made no changes to the Gaelic bird names published in *Carmina Gadelica*, *HBB* or other early souces. I have not updated the orthography, for instance, nor have I inserted accents where these were lacking. However, Appendix 2 includes footnotes to draw the reader's attention to some of the more obvious errors in *HBB*.

In the absence of an 'official' list of bird names – like the ones that exist for Welsh and Irish, for example – I use Gaelic names from *The Birds of Scotland*[5] as standard names for each species. To distinguish these from the various names collected by Carmichael and others, they are always written with initial capitals, e.g. Uiseag, Sùlaire. The English bird names follow the official list maintained by the British Ornithologists' Union.[6] They too are written with initial capitals as in many periodicals and books that deal with birds. A full list of these standard names, in both Gaelic and English, can be found in Appendix 1. The list includes species of which I make no mention in the text.

ALEXANDER CARMICHAEL AS A COLLECTOR OF BIRD NAMES

Alexander Carmichael was born in Lismore in 1832 and developed a special interest in Gaelic language and culture at an early age. From the late 1850s onwards he worked all over the Highlands and Islands as a customs officer, and collected oral tradition of every kind. Although he won fame first and foremost as a collector of material related to belief and faith, he was interested in many other subjects, including history, archaeology and nature.

A letter that Carmichael wrote to Harvie-Brown (15 April 1887) throws some light on what led him to collect bird names:

When I began to take down the Gaelic names of birds it was simply from a mere love – a sort of instinct, or passion with me, to take down all old Gaelic things and rescure them from being lost. I saw old habits and customs, names of birds, beasts and places, dying out rapidly and I wished to rescue what I could. That was all. I think it was Capt. Elwes who first asked me to give him the Gaelic names of birds, and this led me to look into long laid aside scrap-books and string together as many of the names as I could lay my hands on.

When Carmichael began his collecting work, Gaelic bird names could be found in dictionaries[7] and a few other books,[8] and it seems likely that Carmichael made some use of these sources (see below). It is known too that Carmichael borrowed the collections of Father Allan MacDonald of Eriskay for a period.[9] However, the people to whom he spoke and listened were the chief source of the information he collected about birds and their names. Here, for example, are some notes he took in South Uist, 6–8 April 1877, probably while speaking to Donald MacLean of Scarp:

Am Bùite = Puffin. *Diurite* = *giuran* = shellfish
in wood from which comes the *buite*. Guillemote/
  Lamhai = *gob bi[o]r[ach]*
gearri-breac. Cearc-Scràbaire used to breed in North
end of Scarp – not now – supposed to breed there still
Has an ugly *scriach – Fachach*
The *Buanbhuachille* breeds on *Loch uis-*
iadar Loch Leatha Loch bheinniseal – on
islands there – in *Beanntaibh* Harris
streams come down from those to the sea.
Don Maclean Scarp when a boy herding there
saw the old birds with the two little young
often there & often chased them among
stones and water – in July. Tis the *Learga*?[10]

Often, bird names would appear in the prayers, incantations, songs and hymns that he recorded. Here, for example are three verses from a lullaby. There are 25 verses in total in this lullaby, with a different bird named in each one:

A Thankless Task?

Tha nead na smeòraich
Anns a' bhadan bhòidheach,
    Nì mo leanabh cadal agus gheibh e 'n t-ian.

Tha nead na londubh
Ann am broinn a' chrogain,
    Nì mo leanabh cadal agus gheibh e 'n t-ian.

Tha nead na h-uiseig
Ann an lorg na Dubhaig,
    Nì mo leanabh cadal agus gheibh e 'n t-ian.[11]

This is translated as:

The nest of the mavis
Is in the bonnie copse,
    My little one will sleep and he shall have the bird.

The nest of the blackbird
Is in the withered bough,
    My little one will sleep and he shall have the bird.

The nest of the skylark
Is in the track of 'Dubhag',
    My little one will sleep and he shall have the bird.

Here is another example, from the *Iorram Hirteach* (St Kilda Lilt) that Carmichael recorded, by his own account, in St Kilda in May 1865.

Ise:
    Is tu mo luran, is tu mo leannan,
    Thug thu thùs dhomh am fulmair meala!
    [...]

Esan:

> *Is tu mo smùidein, is tu mo smeòirein,*
> *Is mo chruit chiùil sa mhadainn bhòidhich!*
> *[…]*

Ise:

> *M'eudail thusa, mo lur 's mo shealgair,*
> *Thug thu 'n dé dhomh 'n sùl 's an gearrbhall.*
> *[…]*

Esan:

> *Thug mi gaol dhut 's tu 'nad leanabh,*
> *Gaol nach claon gun téid mi 's talamh.*
> *[…]*

Ise:

> *Is tu mo chugar, is tu mo chearban,*
> *Thug thu am buit dhomh 's thug thu an gearr-bhreac.*
> *[…]*[12]

This was translated as:

She:

> Thou art my handsome joy, thou art my sweetheart,
> Thou gavest me first the honied fulmar!
> […]

He:

> Thou art my turtle-dove, thou art my mavis,
> Thou art my melodious harp in the sweet morning.
> […]

She:

> Thou art my treasure, my lovely one, my huntsman,
> Yesterday thou gavest me the gannet and the auk.
> […]

He:
> I gave thee love when thou wast but a child,
> Love that shall not wane till I go beneath the earth.
> [...]

She:
> Thou art my hero, thou art my basking sunfish,
> Thou gavest me the puffin and the black-headed
> guillemot.
> [...]

Seven different birds are named in the above verses: the Fulmar; the Gannet; the Woodpigeon or Turtle Dove[13] ('*smùidein*'); the Song Thrush; the Great Auk; the Puffin; and the Black Guillemot. Carmichael wrote that the reciter, Euphemia MacCrimmon, was of the opinion that her own parents composed the 'conversation' before they were married.[14] This would have been around 1780, a time when the folk of St Kilda were, it would seem, still familiar with the Great Auk.

ALEXANDER CARMICHAEL AS A NATURALIST

There is plenty of evidence for Carmichael's interest in birds and natural history, and it is known that he would send information about the numbers, movements and habits of birds to the ornithologists of his day. For example, he was responsible for the sole record of the Pintail in the Outer Hebrides at the beginning of the 1870s.[15] His name also appears in a few places in *HBB*, testifying to information he provided about species such as the Cuckoo, the Barnacle Goose and the Storm Petrel.

Some of the notes he published in *Carmina Gadelica* are based on what he himself had observed in the world of birds. For example, he gives a vivid description of a ravens' dance that he witnessed once in North Uist.[16] On the other hand, there is no doubt that others were responsible for much of the 'scientific' information about birds in *Carmina Gadelica*. This, for instance, is what he wrote about the Guillemot:

> *langaidh*. Longbill. It has one *siolag* (viper-fish), and only one, in its bill for its chick. The *duibheanach* and the *peata ruadh* (razorbill and puffin) have each a dozen in their bills as they hurry home to their chicks.[17]

And here is part of a letter that Ian Finlayson, '*an Sgoilear Glas*', who was schoolmaster on Mingulay, wrote to Carmichael (14 May 1881):

> The Guillemots feed on larger fish – sand eel for example, and other fishes and never takes home with it but one at a time with the head of the fish down its gullet and the tail out. The Razor & Puffin take a group at a time – 12 or 13 smallest herrings.[18]

What appears in *Carmina Gadelica* cannot therefore be taken as evidence for Carmichael's own personal knowledge of birds and nature. It is known that George Henderson, Father Allan MacDonald of Eriskay, and perhaps the Reverend Alexander Stewart ('Nether-Lochaber') of Onich, helped him to deal with material relating to natural history.[19] It appears that Carmichael wrote regularly to MacDonald in the 1890s, asking for explanations of particular names and phrases, including bird names.[20]

Carmichael was fully aware that he was no expert in natural history, as he explained to Harvie-Brown (3 December 1887): 'I am not a naturalist – only a lover of nature and a recorder of the Gaelic names of birds, animals and fishes.' It is clear too from what he wrote in *Carmina Gadelica* that he did not always differentiate between biology and folklore. At times, he would present superstitious beliefs as though they were proven facts, and on occasion he was completely mistaken in what he said about the habits of birds. For example, he presented a detailed account of how the Wheatear – a migratory bird that heads for Africa in the autumn – would spend the winter asleep in a hole.[21] *HBB* alluded to this as follows: 'A current belief in North Uist, and also in other islands of the archipelago, regarding this species, is, that it hibernates in winter in holes, under stones, and in moss–dykes.'[22]

THE NAMES

It seems that Carmichael intended to publish a book on the natural history and history of the Outer Hebrides:

> During the 1870s Carmichael was also increasingly preoccupied with the idea of compiling a guidebook, or indeed a series of volumes, concerning the natural history, the history, and the culture of the Outer Hebrides, working up for the general public the 'mass of stuff about birds beasts fishes and antiquities', the 'plenty of raw materials scattered over a backload of scrapbooks' he had gleaned throughout the islands over the years.[23]

Unfortunately he did not fulfil this aim, but some of the words, phrases and other information relating to natural history were published in *Carmina Gadelica*, particularly in *CG* ii (1900) and, long after his death, in *CG* vi (1971). In addition, he provided assistance to others who were collecting bird names at the time. Reference is made to Carmichael in at least two books and one series of articles that were published prior to the appearance of the first two volumes of *Carmina Gadelica* in 1900:

> *Birds of the West of Scotland including the Outer Hebrides* by Robert Gray (1871)

> Two articles in the *Transactions of the Gaelic Society of Inverness* by Charles Fergusson (1885 and 1886), entitled 'The Gaelic names of birds'[24]

> *A Vertebrate Fauna of the Outer Hebrides* by J. A. Harvie-Brown and T. E. Buckley (1888)

By collating information from these sources it is possible to evaluate the extent of the work done by Carmichael on bird names. However, it is also necessary to take into account the papers that are preserved in the Carmichael Watson Collection. Amongst these are three boxes filled with slips of paper on which Carmichael wrote notes on birds, animals, fish and plants.[25] Although these notes have not yet been analysed in detail, it is known that they contain many bird names, some of which do not appear in *Carmina Gadelica*, *HBB* or any of the other sources mentioned in the present work.

Gray (1871), *Birds of the West of Scotland*

In his introduction, Robert Gray, author of *Birds of the West of Scotland*, thanked Carmichael and three others who had helped him assign Gaelic names to birds.[26] Carmichael wrote in a letter to Harvie-Brown (18 March 1871) that:

> It will afford me very sincere pleasure indeed to prepare for your acceptance a list of the Gaelic names of birds. I sent Mr Gray at his request a list like this which I suppose will appear in his work in due time.

It seems that a good number of the names published by Gray came from the works of Lightfoot (1777) and MacGillivray (1837–52). For example, Lightfoot gave '*lacha lòchlannach*' (with a long 'o') as a name for the Eider, and this is found in Gray's book as well. But there also appear to be some names that were not published before 1871. It is not known whether any of them were provided by Carmichael, however.

It is clear from the content of Carmichael's letters to Harvie-Brown that he was not happy with Gray's book. He was of the opinion that Gray's imagination was responsible for the majority of its contents.

Fergusson (1885–6), *The Gaelic names of birds*

Charles Fergusson published a lengthy list of Gaelic bird names, in two parts. He expressed his gratitude to Sheriff MacNicol for the assistance he had provided, and also to Carmichael, 'whose long residence in the Hebrides gave him a thorough knowledge of the many rare birds of the West Coast and of the Gaelic names by which they are known to the Islanders'.[27] Again, there is no evidence whatsoever in the document itself to indicate which names were supplied by Carmichael and which ones were provided by others or perhaps collected by Fergusson himself from oral tradition.

The correspondence between Carmichael and Harvie-Brown sheds some more light on the matter. Carmichael wrote (29 March 1887):

> I am about doing a thing most repugnant to me. A man of the name of Ferguson [*sic*] asked me through a friend some five or six years ago to help him to collect the Gaelic names of birds. It so happened that I had been making up a list for some years and I sent him my entire MS. some twenty or so sheets of foolscap. The fellow gave the work as his own and said that he got some notes from me! I am urged to expose him a thing I am most unwilling to do. Two others whom I would never suspect

but who it appears are known as pirates have done to me the same as Ferguson.

In another letter written six days later, Carmichael claimed that there were Gaelic names for 200–300 different birds in the list he supplied to Fergusson. But his anger had subsided, it would seem:

> To Ferguson [*sic*] himself – at least not to me – belongs the merit of arranging these and extending them and for this he deserves credit. I would not for a moment claim more merit than lending Ferguson sheets of Gaelic names of birds, the foundation of his work I believe, and of which he makes no mention.

It is difficult today to be certain of the extent to which Carmichael's complaints were well-founded. It was he also who gave Gaelic names to Harvie-Brown (see below), but only 142 species have a Gaelic name or names in *HBB*. Thus it is almost certain that he exaggerated when he wrote '200–300'. It is interesting too that only some of the Gaelic names published by Fergusson are also to be found in *HBB*, which appeared three years later. Here, for example, are the names of the White-tailed Eagle:

Fergusson	*HBB*
Earn	*Iolair Bhreac*
Iolair-mhara	*Iolair Chladaich*
Iolair-bhan	
Iolair-bhuidhe	
Iolair riabhach	
Iolair-chladaich	
Iolair Suil-na-Greine	
Iolair-fhionn	

Carmichael may therefore have been exaggerating when he claimed that he was responsible for most of the names published by Fergusson. On the other hand, it seems that he did not provide Harvie-Brown with all the names in his possession.

Harvie-Brown & Buckley (1888), *The Vertebrate Fauna of the Outer Hebrides*

HBB was the most important source of information about birds in the Outer Hebrides for nigh on a hundred years. In the introduction, Carmichael is thanked for the work he did on the Gaelic names of birds and other animals. As we have seen already, Carmichael agreed in 1871 that he would supply Harvie-Brown with a list of names.

In 1888, after he had seen a draft of *HBB*, he became concerned about some of the attempts that were being made to explain the etymology of Gaelic names by translating them literally into English. For example, he was not happy with 'the greedy black one' as an English translation of '*lon dubh*' and 'prattling female' as a translation of '*lonag*'. He wrote to Harvie-Brown (10 April 1888):

> From these remarks you will pardon me if I use the freedom of asking your permission to append my initials to the names I give and to the interpretations and further, to state in a note, that I am responsible only for the names and interpretations to which my initials are attached.

As a consequence of this request, it is possible to be certain that Carmichael was responsible for almost all the Gaelic names in *HBB*. A full list is provided in Appendix 2, where more than 430 names for 142 bird species can be found. Some of them are merely different ways of spelling the same name, however. It can be seen that many of them, though not '*lon dubh*' or '*lonag*', have been translated literally into English.

In passing, it may be noted that there are difficulties with some of the etymological information that Carmichael himself provided. For example, he attempted to explain the names '*gearra-bhall*' (Great Auk) and '*lainnir*' (Peregrine) as though they were Gaelic in origin. But it seems that '*gearra-bhall*' comes from the Norse name '*geirfugl*', and there may well be a link between the English name 'lanner' (which came from the French '*lanier*') and the Gaelic name '*lainnir*' (or '*lannair*') by which some referred to the Peregrine.

HBB had a lasting impact on ornithologists with an interest in the Highlands and Islands, and it appears to have been used by a large proportion of those who compiled lists of Gaelic bird names from then on. A good number of the names that were published recently in *The Birds of Scotland* (Appendix 1), for instance, can also be found in *HBB* (Appendix 2).

Carmina Gadelica (1900–1971)

Because birds are not the main focus of *CG*, it is difficult to form an overall impression of bird names, which are scattered across six volumes. But if a comprehensive list is drawn up (Appendix 3), it can be seen that not as many species are represented as there are in *HBB* (about 70 compared to 142) and that there are not as many names either (about 275 compared to 430). It is hardly surprising that the birds appearing most frequently are those that are familiar or well represented in folklore, like the swan, the Ptarmigan and the Cuckoo. For example, there are 16 Gaelic names for the Ptarmigan, although the same basic name accounts for half of them. On the other hand, the White-fronted Goose, the Marsh Harrier, the Pied Wagtail and other such species, which feature in *HBB*, do not appear at all in

Carmina Gadelica. Carmichael must have made a special effort to obtain Gaelic names for as many species as he could, but there was no reason for him or the editors who came after him to refer to most of them in *Carmina Gadelica*.

When looking at the English names in Appendix 3, it should be borne in mind that the editors were responsible for translating some of the songs and other material in *CG* iii–v, although Carmichael himself wrote the notes in English. It was he also who provided English equivalents for the names in *CG* vi, where the editor's notes appear in parentheses. Most of the bird names in *CG* iii–v can also be found in *HBB* or in *CG* i, ii or vi, however. Only five or six English translations cannot be attributed to Carmichael himself. For example, '*feannag*' is translated as 'rook,'[28] but Carmichael normally gave '(hooded) crow' as the English equivalent of '*feannag*'. It is possible that he would not have agreed with '*riabhag*' as a translation of 'hedge-sparrow'[29] either, because the name '*riabhag*' normally refers to the Meadow Pipit (*Riabhag-mhonaidh*) (e.g. Appendix 2).

THE VALUE OF HIS WORK

In order to assess the value of the collecting work done by Carmichael, it is possible to look at bird names in lists and dictionaries published at an earlier date. I selected, from within *HBB* and *Carmina Gadelica* i and ii, ten Gaelic names that are not amongst the most familiar names today, and searched for them in some of the early sources.[30] I found only five of them:

Gaelic	Source	English	In early sources?
Bior an Iasgair	*HBB*	Kingfisher	✓
Bòdhag/Bòthag	*CG/HBB*	Ringed Plover	✓
Ceann-dearg(an)	*HBB*	Redstart	✓
Ceolan-cuilc	*HBB*	Sedge Warbler	✗
Fèaran	*CG*	Woodpigeon/ Stock Dove	✓
Fosgag	*CG*	Skylark	✗
Gealag-bhuachair	*HBB*	Corn Bunting	✓
Gormag	*HBB*	Hobby	✗
Obag	*HBB*	Hobby	✗
Uiseag-dubh	*HBB*	Rock Pipit	✗

Thus is is possible to be reasonably certain that Carmichael discovered several names that had not been recorded already by others, or at least names that were not known to the dictionary compilers and authorities of the day (though see below for '*fosgag*'). By publishing them, Carmichael and others ensured that these names would be brought to the attention of many people who were not already acquainted with them, and that they would then appear in lists of bird names down to the present day.

It is also necessary to look at the meaning of the names. Of course, if a bird name appears in a song or a poem, it is not essential for the reader to know exactly which species the name denotes. It is quite sufficient for him or her to have a general understanding. And if Gaelic-speakers assign a specific name to a bird that they know, it makes no difference to them whether or not it can be translated into any other language.

But from the viewpoint of the ornithologist or the person who is engaged in compiling lists of names, a Gaelic name is not 'reliable' unless it is known which species it refers to. Usually this means that it is necessary to look at the English translation, because English bird names have been standardised for a long time. Some of the Gaelic names, on the other hand, have fallen into disuse, as Carmichael himself recognised, and there may be doubts over them.

Carmichael himself was well aware of how difficult it was to find the 'correct' English names, and he explained the difficulties to Harvie-Brown (3 December 1887):

> Invariably the observant old people from whom I get the old names [...] have no knowledge whatever of the corresponding English name of the birds etc whose Gaelic name they give me. When I also do not know the English name I note down a description of the bird as given me by the old people. And after all I often find it difficult sometimes impossible to classify the bird under its correct English name much as I puzzle over it.

In another letter (5 December 1887) he bemoaned the fact that there were different names for birds in different places, and finished with: 'Many other examples could be mentioned making it exceedingly difficult for a simple lover of nature and not a naturalist to unravel the tangled skein of Gaelic names.'

If the names in Appendix 2 and 3 are examined, another difficulty can be seen. This is that the same name may apply to at least two different species. For example, HBB has '*ceann-dubh*' (= black head) as a name for three birds that are completely unrelated: the Blackcap, the Black-headed Gull and the Marsh Tit. In *Carmina Gadelica*, the name '*clacharan*' is sometimes translated as 'wheatear' and sometimes as 'stonechat'. There is no reason to believe that any of these names are in any way incorrect, but '*clacharan*', for example, would be a local name for the Wheatear in one area and for the Stonechat in another. Because of this, the person engaged in translating a song would have to make a guess if he came across either of these names, unless he had a detailed knowledge of the local names used in the area where the song was recorded.

When he was preparing material for *Carmina Gadelica* i and ii, Carmichael would have had to face an additional difficulty, as John Lorne Campbell explained:

> At the time when Carmichael collected his material, he had to record in writing many obsolete and dialect words [...] It is therefore not surprising that some of the words or forms of words which he recorded appear to be odd. When he came to translate his material, almost a generation later, many of the original reciters must have been dead [...] Moreover, Carmichael does not seem to have been a naturalist, and many of the terms he collected referred to natural history.[31]

Thus it is not difficult to imagine that it would have been extremely difficult for anyone to compile a truly correct and reliable list. But things may have been even more difficult for Carmichael because he lacked expert knowledge of the birds themselves. It appears that Harvie-Brown, a precise and punctilious ornithologist, was aware of this. He sent Carmichael a list of questions about names that seemed doubtful to him for one reason or another. These questions caused Carmichael to change his mind about some of the names.

In order to gain a better understanding of the difficulties facing Carmichael, it is useful to take a look at some examples.

A Thankless Task?

Ceann-dearg (Redstart)

Harvie-Brown was unwilling to accept the name '*ceann-dearg*' (= red head) because the Redstart does not have a red head, 'start' being an old word for 'tail'. Carmichael admitted that it was an error and suggested that the name '*ceann-dearg*' in reality referred to the Goldfinch. Harvie-Brown and Buckley made no reference to this suggestion, but under 'Redstart' they wrote:

> Gaelic – *Ceann–dearg*: *Ceann–deargan* = red–head; the little red–head. Names relate to the red head, rather than the red breast, of the bird, and are wrongly applied. – A.C.

It is clear, however, that Carmichael was by no means responsible for the confusion surrounding this name. '*Ceann-dearg*' or '*ceann-deargan*' regularly appear as Gaelic equivalents of 'redstart', from the time of Alasdair Mac Mhaighstir Alasdair onwards:

Mac Mhaighstir Alasdair 1741[32]	*An ceanndeargan*
Lightfoot 1777	*Ceann-dearg*
Shaw 1780	*Ceanndeargan*
Armstrong 1825	*Ceann-dearg*
	Ceann-deargan
	Earr-dhearg
	Cam-ghlas[33]
	Gob-labhradh
Highland Society 1828	*Ceann-dearg*
	Ceann-deargan
MacLeod & Dewar 1853	*Ceann-dearg*
	Ceann-deargan

It is possible that a misunderstanding about the meaning of
'start' underlies the name '*ceann-dearg*', or if not the name itself
then the link that was made, by Mac Mhaighstir Alasdair and
others, between the name and the species it denoted. It should
also be borne in mind that doubts have been expressed about
some of the names promulgated by Mac Mhaighstir Alasdair.[34]
But whether or not there was some kind of misunderstanding,
most of the lists of bird names published after 1900 still feature
'*ceann-dearg*', in spite of the warning in *HBB*.

Uiseag choille (Woodlark)

Harvie-Brown had doubts about the name '*uiseag choille*' as
the English equivalent of 'woodlark', for the reason that this
species was very rare in Scotland. Carmichael agreed that it
would make more sense to use 'uiseag choille' for the Tree
Pipit (*Riabhag-choille*), especially because the name '*uiseag*'
was used by some for the Meadow Pipit rather than the more
usual Skylark. In *HBB*, however, both the Woodlark and the
Tree Pipit lack a Gaelic name.

Again, Carmichael was not responsible for the confusion,
because people had been translating 'woodlark' as '*riabhag
choille*' and '*uiseag choille*' for a long time.

Lightfoot 1777	*Kiabhag-choille* [sic]
Shaw 1780	*Riabhag choille*
	Uisag choille
Armstrong 1825	*Riabhag choillteach*
	Uiseag choille
Highland Society 1828	*Uiseag choille*
MacLeod & Dewar 1853	*Riabhag choille*
	Uiseag choille

At one time, 'lark' was the usual English name for every kind of pipit. It seems that a clear distinction was not made between these two groups of birds, which are not closely related to one another, until the 19th century. It must also be borne in mind that people would not have been familiar with the Redstart or the Woodlark in the Outer Hebrides, where Carmichael did most of his collecting. It is therefore possible that he obtained the Gaelic names he gave to Harvie-Brown from books. Neither of them appears in *Carmina Gadelica*.

Snag

The name '*snag*' does not feature in *HBB*, but it does appear in *Carmina Gadelica* in a verse from a poem: '*Thig a' chuthaig, thig an t-snag.*'[35] Carmichael translated '*snag*' as 'nightjar': 'Comes the cuckoo, comes the nightjar.' More information is given about the name in *Carmina Gadelica* vi:

> *an t-snag.* The nightjar. See ii, 299. The *snag* is a summer bird, small, with a bluish head. It is also called *gocan cuthaige*.
>
> *Thig a' chuthag anns an Earrach*
> *'S thig an t-snag 's a' Chéitean.*

> The cuckoo will come in the Spring and the night-jar in the May-month.

> *Cho sgiobalta ris an t-snag*, as trim and clever as the nightjar.[36]

According to the editor, Angus Matheson, there is confusion here. A *snag* is not a Nightjar but a woodpecker (*snagan-daraich*); and it is known that some use the name '*gocan cuthaige*' for the Meadow Pipit, a bird which is also called '*snàthadag*', '*snàthdag*' or '*snàthag*'. Matheson was of the opinion that there was a link between the name '*snag*', as recorded by Carmichael, and '*snàthag*'. Certainly, 'woodpecker' is the only English equivalent given for '*snag*' in the early sources.

But there are difficulties with Matheson's explanation too. Even though the Nightjar does indeed appear in May, the same is not true for the Meadow Pipit, which is a bird that stays in Scotland all year round. Even in those areas where only a handful of birds remain for the winter, the rest will have come back by mid-March.

In truth, the description that Carmichael provided ('a summer bird, small, with a bluish head') does not fit the Nightjar or the Meadow Pipit. It does fit another bird, though. This is the Whitethroat, a pert little bird that merits the adjective '*sgiobalta*', which was translated by Carmichael as 'trim' but also implies activity and agility. But if this bird is the *snag*, there is no further evidence to be found anywhere. The usual *Gealan-coille* and also *Geal(ach)ag*[37] appear to be the only Gaelic names for the Whitethroat.

Fosg(ag) (Skylark)

Even though most Gaelic-speakers know the Skylark as '*uiseag*' or '*topag*', the name '*fosg*' (also '*fosga*', '*fosgag*', '*fosgag Mhoire*') is the most frequent one in *Carmina Gadelica*.[38] The name '*uiseag*' appears only twice, in the lullaby quoted above[39] and at the edge of the page adjacent to a verse from the song 'Mairearad Bhòidheach'.[40] This is interesting because '*uiseag*', '*uiseag Mhoire*' and '*reamhag*' (= *riabhag*) are the names given under the heading 'Skylark' in *HBB*, and '*uiseag*' and '*riabhag*' in Fergusson's articles.

Thus it appears that the name '*fosg(ag)*' did not feature in the lists of names provided to others by Carmichael in the 1880s. Nor was it found in any of the early sources (see above), and it is therefore possible that Carmichael was the first to record this name. George Henderson questioned it when he reviewed the material that Carmichael was proposing to publish in *Carmina Gadelica*. Judging by his communication to Carmichael (12 March 1896), he himself was not acquainted with the name:

> *Thig an fhosg a adhar.* 'Come will the lark from the sky'. Is *fosg* in current use in this sense anywhere? There is an old Gaelic *foscaichim* = I go to a distance, and hence *fosc* could well be applied to a lark par excellence. In Mull *fosg* is used in the sense of 'space', a different word connected with *fosgailt*, 'open' [...][41]

This is what Carmichael put in *Carmina Gadelica*:

> *Fosg*, lark, '*fosgag*,' little lark, from '*fosg*,' open, bird of the open, bird of the open sky. '*Fosgag Moire*,' '*fosgag Mhoire*,' the little lark of Mary, endearingly applied to the skylark.[42]

We can see that Carmichael accepted Henderson's opinion as though it was proven fact, and that he created a definitive etymology for the word. Furthermore, John Lorne Campbell was of the opinion that Carmichael had committed an error when taking down the line '*Thig an fhosg a adhar*' (The lark comes from the sky) in the Charm of the Churn (*Eòlas a' Chrannachain*)[43] because '*Thig an fhosgag-adhair*' was recorded in the same song in the 20th century.[44] According to Campbell, the correct name should be '*naosgag-adhair*', and this bird was not the Skylark but the Snipe. This is a fairly weak argument because it appears that the word '*naosgag*' has never been recorded, but whether or not Campbell was right about '*naosgag*', it appears that the connection between the name '*fosgag*' and the Skylark itself is not as clear as it should be. In spite of this, '*fosgag*' appears as a translation of 'skylark' in the dictionaries of MacBain[45] and Dwelly[46] under Carmichael's name, and in several lists of bird names compiled in the 20th century.

WORKING METHODS

When *Carmina Gadelica* appeared, it was supposed that everything it contained had been taken down by Carmichael as he listened to ordinary folk. But in the 1970s, a debate began over the significance of the editing that he was apparently willing to undertake at times.[47]

It is clear now that Carmichael polished the material he recorded.[48] Worse still, after Alan Bruford researched the tale of *Deirdire*, he wrote: 'There is reason enough here to apply stringent critical standards to everything that Carmichael published or improved for publication [...] we are entitled to accept, if not to expect, the possibility of 'improvement' or even forgery.'[49]

At first sight, there is no obvious link between this debate and bird names. But some also claim that Carmichael, as part of the editing in which he was involved, attempted to 'resurrect Gaelic words of doubtful provenance',[50] as opposed to using the day-to-day vocabulary of the populace. Evidence relevant to this issue and to Carmichael's working methods in general could become apparent through a scrutiny of the bird names he collected and published.

We saw with the names *'ceann-dearg'* and *'uiseag choille'* that Harvie-Brown accused Carmichael of making errors when giving the English equivalents of Gaelic names. The same thing happened with a few other names too. In the case of some of them at least, it seems that Carmichael was furnishing information that he derived from books, when he himself was not at all familiar with the birds in question. For example, it is almost certain that neither Carmichael nor the people with whom he spoke would have known the Woodlark, which was so rare in Scotland. But if he did indeed obtain such names from books, it appears that he was not willing to mention his sources even when he was being accused of giving 'incorrect' names to Harvie-Brown. This may say something about his way of working. Ronald Black wrote of him: 'A sure sign of amateur scholarship is the tendency to cover up one's tracks rather than expose them to scrutiny. Carmichael did this.'[51]

Had Carmichael been a naturalist, he might have scrutinised more closely some of the names he provided. It is possible also that he would have avoided confusion over the name '*snag*' and some others such as '*giadh gaob*', which are not discussed here.

As far as the assessment of his working methods is concerned, there is no doubt that '*fosgag*' is the most interesting example. It should be borne in mind that most of the material in *Carmina Gadelica* was recorded a long time before Fergusson, or Harvie-Brown and Buckley, published the names that Carmichael gave them. But even though '*fosgag*', '*fosg*' and '*fosga*' do not appear in *HBB* or in Fergusson's articles, they alone are found in *Carmina Gadelica* i and ii. It is difficult to avoid the conclusion that Carmichael, some time between 1888 (when *HBB* was published) and 1896 (when George Henderson was reviewing his work), had decided to abandon '*uiseag*' and to put '*fosgag*' and the like in its place throughout *Carmina Gadelica*.

Some additional evidence is to be found in *Carmina Gadelica* v, where the words '*fhusg*', '*fhosg*' (lenited forms of '*fusg*' and '*fosg*') and '*uiseag*' appear alongside two lines in the song *Mairearad Bhòidheach*:

Alasdair MacGilleMhìcheil. / *Alexander Carmichael.*
© Taighean-Tasgaidh Nàiseanta na h-Alba. /
National Museums Scotland.

Corra-ghritheach. Bha na Gàidheil den bheachd gun robh e
fìor dhuilich do dhuine an t-eun seo a mharbhadh. Shoilleirich
MacGilleMhìcheil seo ann an *Carmina Gadelica* le seanfhacal: 'Aois
sealgair, seachd chorra-ghritheach a mharbhadh'. / *Grey Heron.*
The Gaels reckoned that it was very difficult for anyone to kill this bird.
Carmichael illustrated this in Carmina Gadelica *with a proverb that he*
translated as: 'A hunter's lifetime to kill seven herons'.
© Tristan ap Rheinallt

Druid. Thathar den bheachd gu bheil an t-ainm Gàidhlig 'druid'
(no 'truid') agus an t-ainm Beurla '*thrush*' a' tighinn bhon aon
fhreumh-fhacal Inns-Eòrpach. / *Starling. It is thought that the*
Gaelic name 'druid' or 'truid' (= Starling) and the English name
'thrush' derive from the same Indo-European root.
© Jim Dickson

Brù-dhearg. A bharrachd air 'brù-dhearg', chlàraich
MacGilleMhìcheil na h-ainmean 'broidealan', 'broidileag',
'broidleachan' agus 'nigidh'. / *Robin. In addition to* 'brù-
dhearg', Carmichael recorded the names 'broidealan', 'broidileag',
'broidleachan' *and* 'nigidh'.
© Jim Dickson

Comhachag-chluasach. Ged a bha an t-eun seo pailte gu leòr ann an
Uibhist aig àm MhicGilleMhìcheil, chan eil ainm Gàidhlig air anns
an leabhar aig Harvie-Brown agus Buckley. Dh'fhaodadh nach robh
daoine an-còmhnaidh a' dèanamh sgaradh eadar a' ghnè seo agus
a' Chomhachag-adharcach. / *Short-eared Owl. Although this bird
was reasonably numerous in the Uists in Carmichael's time, there is no
Gaelic name for it in Harvie-Brown and Buckley's book. It may be that
people did not always differentiate it from the Long-eared Owl.*
© Jim Dickson

Corcan-coille (eun fireann). Mar a mhìnich MacGilleMhìcheil, tha ainm an eòin bhòidhich seo na chomharra air dath a bhroillich, is e a' tighinn bhon bhuadhair 'corcar' (no 'corcair', 'còrcair'). / *Bullfinch (male). As Carmichael explained, the name of this beautiful bird refers to the colour of its underparts, being derived from the adjective* 'corcar' *(or* 'corcair', 'còrcair'*), meaning purple or red.*
© Tristan ap Rheinallt

Pollaran. Tha an t-ainm 'pollaran' iomchaidh dha eun a bhios gu tric an tòir air biadh anns a' pholl, ach bidh am Pollaran a' cur cùl ri àitichean eabarach as t-earrach agus a' neadachadh air a' mhòintich. / *Dunlin. The name* 'pollaran' *is appropriate for a bird that often seeks its food in the mud (*'poll' *in Gaelic), but the Dunlin leaves muddy places behind in the spring and nests on moorland.*
© Tristan ap Rheinallt

Fitheach. Ann an *Carmina Gadelica* ii, thug MacGilleMhìcheil tuairisgeul beòthail air dannsa fhitheach a chunnaic e uair ann an Uibhist a Tuath. / *Raven. In* Carmina Gadelica *ii, Carmichael gave a vivid description of a ravens' dance he once witnessed in North Uist.*
© Jim Dickson

Gealbhonn-gàraidh. B' e 'donnan' agus 'donnag' a bh' aig MacGilleMhìcheil air an eun seo, air a bheil '*dunnock*' sa Bheurla. A rèir cuid, tha an t-aon fhreumh Ceilteach aig an fhacal Ghàidhlig 'donn' agus an fhacal Bheurla '*dun*' (= odhar) a th' aig tòiseach '*dunnock*'. / *Dunnock. Carmichael knew this bird by the Gaelic names* 'donnan' *and* 'donnag'. *Some maintain that the Gaelic word* 'donn' *(= brown) has the same root as the English word* 'dun', *which occurs at the beginning of* 'dunnock'.
© Tristan ap Rheinallt

Gèadh-bhlàr. Tha an dàrna phàirt den ainm na comharra air a' bhann gheal a chithear aig bonn gob an eòin seo, air nach eil ach an t-aon ainm Gàidhlig, a rèir coltais. / *White-fronted Goose. The second part of the Gaelic name ('bhlàr') refers to the white band that can be seen at the base of the bird's bill. This is a bird that appears to have only one Gaelic name.*
© Tristan ap Rheinallt

Gealag-dhubh-cheannach. 'S toil leis an eun seo àitichean fliuch agus mar as trice bidh e a' neadachadh ann am boglach no ri taobh loch no aibhne. Le sin tha e coltach nach eil an t-ainm 'ceann-dubh fraoich' glè fhreagarrach, ged as e seo an t-aon ainm Gàidhlig a thug MacGilleMhìcheil dha Harvie-Brown. / *Reed Bunting. This bird is fond of wet places and usually nests in marshes or beside lochs or rivers. Thus the name 'ceann-dubh fraoich' ('black-headed of the heather', in Carmichael's words) does not seem particularly appropriate, even though this is the only Gaelic name Carmichael gave to Harvie-Brown.*
© Jim Dickson

Faoileag-a'-chinn-duibh. Bha 'ceann-dubhan' am measg nan ainmean a bh' aig MacGilleMhìcheil air an eun seo, ach bha e den bheachd gum biodh 'ceann-doghan' (= ceann-doghte) na bu cheirte. Bhiodh e mothachail gur e dath donn seach dath dubh a th' air ceann na faoileige seo as t-samhradh. / *Black-headed Gull. 'Ceann-dubhan', referring to the black head, was among the names that Carmichael listed for this bird. However, he believed that 'ceann-doghan', which he translated as 'singed head', would be more accurate. He would have been aware that the colour of this gull's head in summer is brown rather than black.*
© Jim Dickson

Riabhag-mhonaidh. Tha 'gocan-cuthaige' no 'gocan-na-cuthaige' aig cuid air an eun bheag seo, a bhios gu tric a' togail isean na cuthaige seach iseanan fhèin. / *Meadow Pipit. Some refer to this bird, which often raises a cuckoo's chick rather than its own young, as 'gocan-cuthaige' or 'gocan-na-cuthaige' (= (the) cuckoo's attendant).*
© Tristan ap Rheinallt

Smeòrach. Thathar gu tric a' toirt luaidh air an eun aithnichte seo ann am bàrdachd agus òrain Ghàidhlig. / *Song Thrush. This familiar bird is frequently mentioned in Gaelic poetry and songs.*
© Tristan ap Rheinallt

Luatharan-glas. 'S e 'an scrillag' an t-aon ainm Gàidhlig air an eun seo anns an leabhar aig Harvie-Brown agus Buckley. Ach mar eisimpleir de dh'fhuaimealas, tha an t-ainm fada nas fhreagarraich dhan Phollaran (air a bheil 'sgraillig' cuideachd) na tha e dhan Luatharan-glas. / *Sanderling. 'An scrillag' is the only Gaelic name for this bird in Harvie-Brown and Buckley's book. But as an onomatopoeic name, it is much more suitable for the Dunlin (which is sometimes known as 'sgraillig') than it is for the Sanderling.*
© Jim Dickson

Brù-gheal. Chanadh cuid 'fear na Fèill Pàraig' ris an eun seo, a bhios a' tilleadh dha Alba anns a' Mhàrt is e air geamhradh a chur seachad ann an Afraga. / *Wheatear. This bird is sometimes known as 'fear na Fèill Pàraig', a name that alludes to its arrival in Scotland on or around St Patrick's Day following a winter spent in Africa.*
© Tristan ap Rheinallt

Eala-fhiadhaich. Aig àm MhicGilleMhìcheil, bhiodh dà sheòrsa eala a' tadhal air na h-Eileanan an Iar sa gheamhradh – an Eala-fhiadhaich agus an Eala-bheag. Chan eil e coltach gum biodh mòran dhaoine a' dèanamh sgaradh eatarra, ged-tà, agus chan eil ainm Gàidhlig air an Eala-bhig anns an leabhar aig Harvie-Brown agus Buckley. / *Whooper Swan. In Carmichael's time, two kinds of swan would visit the Outer Hebrides in the winter-time – the Whooper Swan and the Bewick's Swan. It appears that few people differentiated them, however, and there is no Gaelic name for the Bewick's Swan in Harvie-Brown and Buckley's book.*
© Jim Dickson

J. A. Harvie-Brown ri obair. / *J. A. Harvie-Brown at work.*
© Taighean-Tasgaidh Nàiseanta na h-Alba. / *National Museums Scotland.*

7. brag = a rob; a knock; a quin, a gather-
...in?, à the stand to.

—

In conclusion I am rather inclined to
give up the thankless task of collecting the
Gaelic scenes, traditions, folklore
records and rhymes and runs about
our ... wittily, wisely, fully, and
unselfishly. It's rather disheartening
to a man like myself who impounded

Duilleag bho litir a sgrìobh Alasdair MacGilleMhìcheil gu J. A. Harvie-Brown air an 3 Dùbhlachd 1887. / A page from a letter written by Alexander Carmichael to J. A. Harvie-Brown on 3 December 1887.

© Taigh-Tasgaidh Nàiseanta na h-Alba. / National Museums Scotland.

J. A. Harvie-Brown.
© Taighean-Tasgaidh Nàiseanta na h-Alba. /
National Museums Scotland.

Nara seinnear dha'n smùid os cionn do bhùith,   *[fhusg, fhosg,*
  Nara faicear dha d' shùil an cruth tha fo d' chrios. *uiseag*[52]

These were translated as:

  Nor ever sing the lark over thy dwelling,
    Nor ever behold thine eye the form beneath thy girdle.

Although it was Carmichael's custom to insert words in this way in *Carmina Gaelica* i and ii when he was not entirely certain what the reciter had said, this example is unusual because the word in the verse itself (*'smùid'*) is completely different from the words that would replace it (*'fhusg'*, *'fhosg'*, *'uiseag'*). Uncertainty is therefore unlikely to be the reason they are there. It is more probable that Carmichael was working on the text and attempting to choose a more appropriate word instead of *'smùid'*.[53] He would be aware that the *smùid*[54] is not a bird that sings in the sky, and that the verse could be 'improved' by the substitution of a name such as *'uiseag'* or *'fosg'*. At that stage, however, he would not yet have reached a conclusion about which was the best name. Had the song appeared in *Carmina Gadelica* i or ii, Carmichael would not have retained all these names, but because the material for *Carmina Gadelica* v was compiled by the editor, the song was left as it was when Carmichael was working on it.

This example is an indication of the way in which Carmichael was involved in editing. It also provides support for the view of Hamish Robertson, who claimed that Carmichael placed an emphasis on old words that were no longer in use, in order to give the material he published an archaic flavour.[55] Furthermore, if we accept what John Lorne Campbell wrote,[56] it may be that the Skylark was never known as *'fosgag'*. But this is only a guess.

A THANKLESS TASK?

If we accept that Carmichael was involved in a considerable amount of editing at times, and that some of the bird names he collected were doubtful for one reason or another, this does not mean to say that there is no value in what he did. *Carmina Gadelica* is an exceptional cultural resource and contains much information about birds. Even if this information is not always absolutely correct from an ornithological point of view, *Carmina Gadelica* provides a valuable indication of how people saw and thought about nature at the time. As far as the names themselves are concerned, whether they were published in *Carmina Gadelica* or in other works, it is almost certain that some would have gone out of existence without anyone noticing had not Carmichael recorded them.

It appears that, from time to time, Carmichael questioned the value of the work in which he was involved. Sometimes it was apparently concern about the fate of Gaelic that lay behind the doubts he expressed. On other occasions, he felt that others were benefiting from his own work, without acknowledging him in any way, as we saw in the case of Fergusson. He wrote to Harvie-Brown (3 December 1887):

> In conclusion I am rather inclined to give up the thankless task of collecting Gaelic names, traditions, superstitions, proverbs and rhymes and runs about birds, beasts, reptiles, fishes, and shell-fishes. It is rather disheartening to a man like myself who impoverished himself in rescuing what he could of the rapidly dying out oral literature of his native countrymen [...] to find so much filching of the results of his labours among so many of his fellow countrymen and that without the slightest indication of their sources. [...] I sometimes

feel so disheartened as to be inclined to throw my whole gathering of some thirty years work into the fire and be done with it!

Unfortunately, there was no way for him to know that people would still place a high value on his work long after his death. Perhaps this would have provided him with some encouragement. To the ornithologist who reads *Carmina Gadelica* or who looks into the sources of the Gaelic bird names we know today, it is perfectly clear that the collecting work in which Carmichael was involved was not a thankless task. And that work was only a small part of the legacy he left behind.

Notes on the English text

1   For example, Fergusson 1885–6, Forbes 1905, RSPB & Comataidh Craolaidh Gàidhlig (undated).
2   For example, Harvie-Brown & Buckley 1888, Cunningham 1983.
3   Pitman 1983.
4   Domhnall Uilleam Stiùbhart, personal communication.
5   Forrester *et al.* 2007: 1613–1618.
6   www.bou.org.uk/recbrlst1.html
7   For example, Shaw 1780, Armstrong 1825.
8   For example, Lightfoot 1777, MacGillivray 1837–52.
9   *CG* v: ix.
10   Carmichael Watson Collection, LS 108, fos. 16^v–17^r.
11   *CG* v: 368.
12   *CG* iv: 108–10.
13   Although '*smùidein*' is translated as 'turtle-dove' here, it is possible that the editor was responsible for this, and that Carmichael himself would have put 'woodpigeon' instead. *HBB* has '*smud*' and '*smudan*' for the Woodpigeon (Appendix 2). In any event, it is unlikely that the inhabitants of St Kilda would have been acquainted with either of these birds.

14   *CG* iv: 106.
15   Gray 1871: 368.
16   *CG* ii: 279.
17   *CG* vi: 94.
18   Carmichael Watson Collection, LS 499, fo. 740.
19   Campbell 1976, 1978, 1981.
20   Campbell 1978: 7.
21   *CG* ii: 245.
22   Harvie-Brown & Buckley 1888: 48.
23   Stiùbhart 2008: 14.
24   Fergusson 1885, 1886.
25   Carmichael Watson Collection, LS 131 A–C; ap Rheinallt & Stiùbhart 2010.
26   Gray 1871: x.
27   Fergusson 1885: 241.
28   *CG* v: 372.
29   *CG* v: 370.
30   Lhuyd 1699–1700 & Mac Mhaighstir Alasdair 1741 (in Campbell & Thomson 1963); Lightfoot 1777, Shaw 1780, Armstrong 1825, Highland Society of Scotland 1828, MacGillivray 1837–52, MacLeod & Dewar 1853.
31   Campbell 1976: 291.
32   In Campbell & Thomson 1963.
33   There is some confusion here, '*cam-ghlas*' and '*gob-labhradh*' being names for the Redshank.
34   Campbell & Thomson 1963.
35   *CG* ii: 284 (but on p. 299 in the second edition, 1928, with '*a' chuthag*' instead of '*a' chuthaig*').
36   *CG* vi: 128.
37   Forbes 1905: 345.
38   *CG* i: 4, ii: 148, 204, 280, iii: 24, 34, v: 289; Appendix 3.
39   *CG* v: 368.
40   *CG* v: 364.
41   Campbell 1981: 192.

42   *CG* ii: 280.
43   *CG* ii: 148.
44   Campbell 1981: 192.
45   MacBain 1896.
46   Dwelly 2001.
47   Robertson 1976, Campbell 1978.
48   Black 2008, Stiùbhart 2008.
49   Carmichael 1992: 14.
50   Robertson 1976: 230.
51   Black 2008: 73.
52   *CG* v: 364.
53   Domhnall Uilleam Stiùbhart, personal communication.
54   Although '*smùid*' is translated as 'lark' here (due to the influence of the names at the edge of the page?), '*smùid*' and '*smùidein*' are closely related and it is therefore almost certain that the poet had in mind the Woodpigeon or perhaps the Turtle Dove (see above).
55   Robertson 1976: 230.
56   Campbell 1981.

LEASACHAIDHEAN / *APPENDICES*

Leasachadh 1 / Appendix 1

Leasachadh 1. Ainmean Gàidhlig eun anns an leabhar
The Birds of Scotland

Tha na h-ainmean Gàidhlig anns an liosta seo shìos air an toirt às an leabhar *The Birds of Scotland* le Forrester *et al.* (2007), agus na h-ainmean Beurla à liosta 'oifigeil' eòin Bhreatainn (www.bou.org.uk/recbrlst1.html).

Appendix 1. Gaelic bird names in The Birds of Scotland

The Gaelic names in the list below have been taken from the book The Birds of Scotland *by Forrester* et al. *(2007), and the English names from the 'official' list of British birds (www.bou.org.uk/recbrlst1.html).*

Beurla/*English*	Gàidhlig/*Gaelic*	Gnè/*Gender*
Alpine Swift	Gobhlan-monaidh	Fir./*Masc.*
Arctic Skua	Fàsgadair	Fir./*Masc.*
Arctic Tern	Steàrnag-Artaigeach	Boir./*Fem.*
Avocet	Gob-ceàrr	Fir./*Masc.*
Barn Owl	Comhachag-bhàn	Boir./*Fem.*
Barnacle Goose	Cathan	Fir./*Masc.*
Barred Warbler	Ceileiriche-srianach	Fir./*Masc.*
Bar-tailed Godwit	Roid-ghuilbneach	Fir./*Masc.*
Bean Goose	Muir-ghèadh	Fir./*Masc.*
Bewick's Swan	Eala-bheag	Boir./*Fem.*
Bittern	Corra-ghràin	Boir./*Fem.*
Black Grouse	Coileach-dubh	Fir./*Masc.*
Black Guillemot	Gearra-glas	Fir./*Masc.*
Black Redstart	Earr-deargan-dubh	Fir./*Masc.*
Black Stork	Corra-dhubh	Boir./*Fem.*

Beurla/*English*	Gàidhlig/*Gaelic*	Gnè/*Gender*
Black Tern	Steàrnag-dhubh	Boir./*Fem.*
Blackbird	Lòn-dubh	Fir./*Masc.*
Blackcap	Ceann-dubh	Fir./*Masc.*
Black-headed Gull	Faoileag-a'-chinn-duibh	Boir./*Fem.*
Black-necked Grebe	Gobhachan-dubh	Fir./*Masc.*
Black-tailed Godwit	Cearra-ghob	Fir./*Masc.*
Black-throated Diver	Learga-dhubh	Boir./*Fem.*
Black-winged Stilt	Fad-chasach	Fir./*Masc.*
Blue Tit	Cailleachag-ghorm	Boir./*Fem.*
Bluethroat	Òranaiche	Fir./*Masc.*
Brambling	Breacan-caorainn	Fir./*Masc.*
Brent Goose	Gèadh-got	Fir./*Masc.*
Buff-breasted Sandpiper	Luatharan-odhar	Fir./*Masc.*
Bullfinch	Corcan-coille	Fir./*Masc.*
Buzzard	Clamhan	Fir./*Masc.*
Canada Goose	Gèadh-dubh	Fir./*Masc.*
Capercaillie	Capall-coille	Fir./*Masc.*
Carrion Crow	Feannag-dhubh	Boir./*Fem.*
Chaffinch	Breacan-beithe	Fir./*Masc.*
Chiffchaff	Caifean	Fir./*Masc.*
Chough	Cathag-dhearg-chasach	Boir./*Fem.*
Coal Tit	Smutag	Boir./*Fem.*
Collared Dove	Calman-coilearach	Fir./*Masc.*
Common Crossbill	Cam-ghob	Boir./*Fem.*

Beurla/*English*	Gàidhlig/*Gaelic*	Gnè/*Gender*
Common Gull	Faoileag-bheag-an-sgadain	Boir./*Fem.*
Common Sandpiper	Fìdhleir-bòrd-an-locha	Fir./*Masc.*
Common Scoter	Lach-bheag-dhubh	Boir./*Fem.*
Common Tern	Steàrnag-chumanta	Boir./*Fem.*
Coot	Lach-bhlàir	Boir./*Fem.*
Cormorant	Sgarbh	Fir./*Masc.*
Corn Bunting	Gealag-bhuachair	Boir./*Fem.*
Corncrake	Traon	Fir./*Masc.*
Crane	Corra-mhonaidh	Boir./*Fem.*
Crested Tit	Gulpag-stuic	Boir./*Fem.*
Cuckoo	Cuthag	Boir./*Fem.*
Curlew	Guilbneach	Fir./*Masc.*
Curlew Sandpiper	Luatharan-guilbneach	Fir./*Masc.*
Dipper	Gobha-dubh-an-uisge	Fir./*Masc.*
Dotterel	Amadan-mòintich	Fir./*Masc.*
Dunlin	Gille-feadaig	Fir./*Masc.*
Dunnock	Gealbhonn-gàraidh	Fir./*Masc.*
Eider	Colc	Fir. no Boir./ *Masc. or Fem.*
Fieldfare	Liath-thruisg	Fir./*Masc.*
Fulmar	Eun-crom	Fir./*Masc.*
Gadwall	Lach-ghlas	Boir./*Fem.*
Gannet	Sùlaire	Fir./*Masc.*
Garden Warbler	Ceileiriche-gàraidh	Fir./*Masc.*
Garganey	Lach-crann	Boir./*Fem.*

Leasachadh 1 / Appendix 1

Beurla/*English*	Gàidhlig/*Gaelic*	Gnè/*Gender*
Glaucous Gull	Muir-mhaighstir	Fir./*Masc.*
Goldcrest	Crìonag-bhuidhe	Boir./*Fem.*
Golden Eagle	Iolaire-bhuidhe	Boir./*Fem.*
Golden Oriole	Buidheag-Eòrpach	Boir./*Fem.*
Golden Plover	Feadag-bhuidhe	Boir./*Fem.*
Goldeneye	Lach-bhreac	Boir./*Fem.*
Goldfinch	Deargan-fraoich	Fir./*Masc.*
Goosander	Sìolta	Boir./*Fem.*
Goshawk	Glas-sheabhag	Boir./*Fem.*
Grasshopper Warbler	Ceileiriche-leumnach	Fir./*Masc.*
Great Auk	Colcach-mhòr[1]	Boir./*Fem.*
Great Black-backed Gull	Farspag	Boir./*Fem.*
Great Bustard	Coileach-Frangach	Fir./*Masc.*
Great Crested Grebe	Gobhachan-mòr	Fir./*Masc.*
Great Grey Shrike	Feòladair-glas	Fir./*Masc.*
Great Northern Diver	Muir-bhuachaille	Fir./*Masc.*
Great Shearwater	Fachach-mòr	Fir./*Masc.*
Great Skua	Fàsgadair-mòr	Fir./*Masc.*
Great Spotted Woodpecker	Snagan-daraich	Fir./*Masc.*
Great Tit	Currac-baintighearna	Fir./*Masc.*
Great White Egret	Corra-gheal-mhòr	Boir./*Fem.*
Green Sandpiper	Luatharan-uaine	Fir./*Masc.*
Green Woodpecker	Lasair-choille	Boir./*Fem.*
Greenfinch	Glaisean-daraich	Fir./*Masc.*
Greenshank	Deoch-bhiugh	Boir./*Fem.*

Beurla/*English*	Gàidhlig/*Gaelic*	Gnè/*Gender*
Grey Heron	Corra-ghritheach	Boir./*Fem.*
Grey Partridge	Cearc-thomain	Boir./*Fem.*
Grey Phalarope	Liathag-allt	Boir./*Fem.*
Grey Plover	Feadag-ghlas	Boir./*Fem.*
Grey Wagtail	Breacan-baintighearna	Fir./*Masc.*
Greylag Goose	Gèadh-glas	Fir./*Masc.*
Guillemot	Eun-dubh-an-sgadain	Fir./*Masc.*
Gyr Falcon	Geàrr-sheabhag	Boir./*Fem.*
Hawfinch	Glaisean-gobach	Fir./*Masc.*
Hen Harrier	Clamhan-nan-cearc	Fir./*Masc.*
Herring Gull	Faoileag-an-sgadain	Boir./*Fem.*
Hobby	Gormag	Boir./*Fem.*
Honey-buzzard	Clamhan-riabhach	Fir./*Masc.*
Hooded Crow	Starrag	Boir./*Fem.*
Hoopoe	Calman-cathaidh	Fir./*Masc.*
House Martin	Gobhlan-taighe	Fir./*Masc.*
House Sparrow	Gealbhonn	Fir./*Masc.*
Iceland Gull	Faoileag-liath	Boir./*Fem.*
Jack Snipe	Gobhrag-bheag	Boir./*Fem.*
Jackdaw	Cathag	Boir./*Fem.*
Jay	Sgreuchag-choille	Boir./*Fem.*
Kestrel	Speireag-ruadh	Boir./*Fem.*
Kingfisher	Biorra-crùidein	Fir./*Masc.*
Kittiwake	Ruideag	Boir./*Fem.*
Knot	Luatharan-gainmhich	Fir./*Masc.*
Lapwing	Curracag	Boir./*Fem.*
Leach's Petrel	Gobhlan-mara	Fir./*Masc.*

Beurla/*English*	Gàidhlig/*Gaelic*	Gnè/*Gender*
Lesser Black-backed Gull	Farspag-bheag	Boir./*Fem.*
Lesser Redpoll	Deargan-seilich	Fir./*Masc.*
Lesser Spotted Woodpecker	Snagan-daraich-beag	Fir./*Masc.*
Lesser White-fronted Goose	Gèadh-bhlàr-beag	Fir./*Masc.*
Lesser Whitethroat	Gealan-coille-beag	Fir./*Masc.*
Linnet	Gealan-lìn	Fir./*Masc.*
Little Auk	Colcach-bheag	Boir./*Fem.*
Little Bittern	Corra-ghràin-bheag	Boir./*Fem.*
Little Bustard	Coileach-Frangach-beag	Fir./*Masc.*
Little Egret	Corra-gheal-bheag	Boir./*Fem.*
Little Grebe	Gobhachan-allt	Fir./*Masc.*
Little Gull	Faoileag-bheag	Boir./*Fem.*
Little Owl	Comhachag-bheag	Boir./*Fem.*
Little Ringed Plover	Trìlleachan-tràghad-beag[2]	Fir./*Masc.*
Little Stint	Luatharan-beag	Fir./*Masc.*
Little Tern	Steàrnag-bheag	Boir./*Fem.*
Long-eared Owl	Comhachag-adharcach	Boir./*Fem.*
Long-tailed Duck	Lach-bhinn	Boir./*Fem.*
Long-tailed Skua	Fàsgadair-stiùireach	Fir./*Masc.*
Long-tailed Tit	Cailleach-bheag-an-earbaill	Boir./*Fem.*
Macaronesian Shearwater	Fachach-beag	Fir./*Masc.*

Beurla/*English*	Gàidhlig/*Gaelic*	Gnè/*Gender*
Magpie	Pioghaid	Boir./*Fem.*
Mallard	Lach-riabhach	Boir./*Fem.*
Manx Shearwater	Fachach-bàn	Fir./*Masc.*
Marsh Harrier	Clamhan-lòin	Fir./*Masc.*
Marsh Tit	Cailleachag-lòin	Boir./*Fem.*
Marsh Warbler	Ceileiriche-fèithe	Fir./*Masc.*
Meadow Pipit	Riabhag-mhonaidh	Boir./*Fem.*
Merlin	Mèirneal	Fir./*Masc.*
Mistle Thrush	Smeòrach-mhòr	Boir./*Fem.*
Moorhen	Cearc-uisge	Boir./*Fem.*
Mute Swan	Eala	Boir./*Fem.*
Nightingale	Seiniolach	Fir./*Masc.*
Nightjar	Seabhag-oidhche	Boir./*Fem.*
Nuthatch	Sgoltan	Fir./*Masc.*
Osprey	Iolaire-iasgaich	Boir./*Fem.*
Oystercatcher	Gille-Brìghde	Fir./*Masc.*
Pectoral Sandpiper	Luatharan-broillich	Fir./*Masc.*
Peregrine	Seabhag-ghorm	Boir./*Fem.*
Pheasant	Easag	Boir./*Fem.*
Pied Flycatcher	Breacan-glas	Fir./*Masc.*
Pied Wagtail	Breac-an-t-sìl	Fir./*Masc.*
Pink-footed Goose	Gèadh-dearg-chasach	Fir./*Masc.*
Pintail	Lach-stiùireach	Boir./*Fem.*
Pochard	Lach-dhearg-cheannach	Boir./*Fem.*
Pomarine Skua	Fàsgadair-donn	Fir./*Masc.*
Ptarmigan	Tàrmachan	Fir./*Masc.*

Beurla/*English*	Gàidhlig/*Gaelic*	Gnè/*Gender*
Puffin	Buthaid	Boir./*Fem.*
Purple Sandpiper	Luatharan-rìoghail	Fir./*Masc.*
Quail	Gearra-gart	Fir./*Masc.*
Raven	Fitheach	Fir./*Masc.*
Razorbill	Coltraiche	Fir./*Masc.*
Red Grouse	Cearc-fhraoich	Boir./*Fem.*
Red Kite	Clamhan-gobhlach	Fir./*Masc.*
Red-backed Shrike	Feòladair	Fir./*Masc.*
Red-breasted Merganser	Sìolta-dhearg	Boir./*Fem.*
Red-footed Falcon	Seabhag-dhearg-chasach	Boir./*Fem.*
Red-legged Partridge	Cearc-thomain-dhearg-chasach	Boir./*Fem.*
Red-necked Grebe	Gobhachan-ruadh	Fir./*Masc.*
Red-necked Phalarope	Deargan-allt	Fir./*Masc.*
Redshank	Maor-cladaich	Fir./*Masc.*
Redstart	Earr-dearg	Fir./*Masc.*
Red-throated Diver	Learga-ruadh	Boir./*Fem.*
Redwing	Smeòrach-an-t-sneachda	Boir./*Fem.*
Reed Bunting	Gealag-dhubh-cheannach	Boir./*Fem.*
Reed Warbler	Ceileiriche-cuilc	Fir./*Masc.*
Ring Ouzel	Lòn-monaidh	Fir./*Masc.*
Ringed Plover	Trìlleachan-tràghad	Fir./*Masc.*
Robin	Brù-dhearg	Fir./*Masc.*
Rock Dove	Calman-creige	Fir./*Masc.*

Leasachadh 1 / Appendix 1

Beurla/*English*	Gàidhlig/*Gaelic*	Gnè/*Gender*
Rock Pipit	Gabhagan	Fir./*Masc.*
Roller	Cuairsgean	Fir./*Masc.*
Rook	Ròcais	Boir./*Fem.*
Roseate Tern	Steàrnag-stiùireach	Boir./*Fem.*
Rose-coloured Starling	Druid-dhearg	Boir./*Fem.*
Rough-legged Buzzard	Bleidir-molach	Fir./*Masc.*
Ruff	Gibeagan	Fir./*Masc.*
Sand Martin	Gobhlan-gainmhich	Fir./*Masc.*
Sanderling	Luatharan-glas	Fir./*Masc.*
Sandwich Tern	Steàrnag-mhòr	Boir./*Fem.*
Scaup	Lach-mhara	Boir./*Fem.*
Sedge Warbler	Loiliseag	Boir./*Fem.*
Shag	Sgarbh-an-sgumain	Fir./*Masc.*
Shelduck	Cràdh-ghèadh	Fir./*Masc.*
Shore Lark	Uiseag-adharcach	Boir./*Fem.*
Short-eared Owl	Comhachag-chluasach	Boir./*Fem.*
Shoveler	Lach-a'-ghuib-leathainn	Boir./*Fem.*
Siskin	Gealag-bhuidhe	Boir./*Fem.*
Skylark	Uiseag	Boir./*Fem.*
Slavonian Grebe	Gobhachan-mara	Fir./*Masc.*
Smew	Sìolta-bhreac	Boir./*Fem.*
Snipe	Naosg	Fir./*Masc.*
Snow Bunting	Gealag-an-t-sneachda	Boir./*Fem.*
Snow Goose	Gèadh-bàn	Fir./*Masc.*
Snowy Owl	Comhachag-gheal	Boir./*Fem.*
Song Thrush	Smeòrach	Boir./*Fem.*

Beurla/*English*	Gàidhlig/*Gaelic*	Gnè/*Gender*
Sooty Shearwater	Fachach-dubh	Fir./*Masc.*
Sparrowhawk	Speireag	Boir./*Fem.*
Spoonbill	Gob-leathann	Fir./*Masc.*
Spotted Crake	Traon-breac	Fir./*Masc.*
Spotted Flycatcher	Breacan-sgiobalt	Fir./*Masc.*
Spotted Redshank	Gearradh-breac	Fir./*Masc.*
Spotted Sandpiper	Luatharan-breac	Fir./*Masc.*
Starling	Druid	Boir./*Fem.*
Stock Dove	Calman-gorm	Fir./*Masc.*
Stonechat	Clacharan	Fir./*Masc.*
Storm Petrel	Annlag-fairge	Boir./*Fem.*
Swallow	Gobhlan-gaoithe	Fir./*Masc.*
Swift	Gobhlan-mòr	Fir./*Masc.*
Tawny Owl	Comhachag-dhonn	Boir./*Fem.*
Teal	Lach-bheag	Boir./*Fem.*
Tree Pipit	Riabhag-choille	Boir./*Fem.*
Tree Sparrow	Gealbhonn-nan-craobh	Fir./*Masc.*
Treecreeper	Snàgair	Fir./*Masc.*
Tufted Duck	Lach-sgumanach	Boir./*Fem.*
Turnstone	Trìlleachan-beag	Fir./*Masc.*
Turtle Dove	Turtar	Fir./*Masc.*
Twite	Gealan-beinne	Fir./*Masc.*
Velvet Scoter	Lach-dhubh	Boir./*Fem.*
Water Rail	Gearradh-dubh-nan-allt	Fir./*Masc.*
Waxwing	Canranach-dearg	Fir./*Masc.*
Wheatear	Brù-gheal	Fir./*Masc.*

Beurla/*English*	Gàidhlig/*Gaelic*	Gnè/*Gender*
Whimbrel	Eun-Bealltainn	Fir./*Masc.*
Whinchat	Gocan-conaisg	Fir./*Masc.*
White Stork	Corra-bhàn	Boir./*Fem.*
White-billed Diver	Learga-bhlàr	Boir./*Fem.*
White-fronted Goose	Gèadh-bhlàr	Fir./*Masc.*
White-rumped Sandpiper	Luatharan-bàn	Fir./*Masc.*
White-tailed Eagle	Iolaire-mhara	Boir./*Fem.*
Whitethroat	Gealan-coille	Fir./*Masc.*
White-winged Black Tern	Steàrnag-bhreac	Boir./*Fem.*
Whooper Swan	Eala-fhiadhaich	Boir./*Fem.*
Wigeon	Glas-lach	Boir./*Fem.*
Willow Tit	Cailleachag-sheilich	Boir./*Fem.*
Willow Warbler	Ceileiriche-giuthais	Fir./*Masc.*
Wood Sandpiper	Luatharan-coille	Fir./*Masc.*
Wood Warbler	Ceileiriche-coille	Fir./*Masc.*
Woodcock	Coileach-coille	Fir./*Masc.*
Woodlark	Uiseag-choille	Boir./*Fem.*
Woodpigeon	Calman-coille	Fir./*Masc.*
Wren	Dreathann-donn	Fir./*Masc.*
Wryneck	Geocair	Fir./*Masc.*
Yellow Wagtail	Breacan-buidhe	Fir./*Masc.*
Yellow-browed Warbler	Ceileiriche-buidhe	Fir./*Masc.*
Yellowhammer	Buidheag-bhealaidh	Boir./*Fem.*

Leasachadh 1 / Appendix 1

Notaichean air Leasachadh 1 / *Notes on Appendix 1*

1   Thathar a' cleachdadh an ainm dhualchasaich 'gearra-bhall'
    (fir.) seach 'colcach-mhòr' anns an leabhar seo. Tha e coltach
    gur e eadar-theangachadh litireil den ainm Bheurla *'great auk'* a
    th' ann an 'colcach-mhòr'. / *The traditional name 'gearra-bhall'*
    (masc.) is used instead of 'colcach-mhòr' *in this book.* 'Colcach-
    mhòr' *appears to be a literal translation of the English 'great auk'.*

2   Bu chòir 'trilleachan' a sgrìobhadh gun stràc air an 'i' (*Gaelic*
    Orthographic Conventions); faicibh cuideachd *Ringed Plover* agus
    Turnstone seo shuas. / *'Trilleachan' should be written without*
    an accent on the 'i' (Gaelic Orthographic Conventions); see also
    Ringed Plover and Turnstone below.

Leasachadh 2. Ainmean Gàidhlig eun anns an leabhar
A Vertebrate Fauna of the Outer Hebrides

Anns an leabhar *A Vertebrate Fauna of the Outer Hebrides*,
le J. A. Harvie-Brown agus T. E. Buckley (1888), tha liosta
ainmean Gàidhlig fa leth airson gach gnè eòin, agus mar as
trice tha na litrichean 'AC' (= Alexander Carmichael) na cois.
Gus am freumhachd a mhìneachadh, tha eadar-theangachadh
litireil ann dha feadhainn de na h-ainmean.

Tha na litrichean 'AC' a dhìth airson corra ghnè (ann an clò
Eadailteach anns an liosta seo shìos), ach tha e coltach gum b'
ann tro mhearachd a chaidh am fàgail às. A rèir coltais, chan eil
ach còig ainm Gàidhlig ann (fo-stràcte anns an liosta seo shìos)
a thàinig bho dhaoine eile.

Thathar a' cleachdadh ainmean Beurla bho Leasachadh
1 anns an liosta seo shìos, seach an fheadhainn aig Harvie-
Brown agus Buckley. Tha ainmean nach eil a' comharradh
ghnèithean sònraichte air am fàgail às. Tha rèiltean (*) a'
ciallachadh gu bheil an t-ainm a' comharrachadh eun nach eil
air tighinn gu ìre.

Appendix 2. Gaelic bird names in A Vertebrate Fauna of the Outer Hebrides

In the book A Vertebrate Fauna of the Outer Hebrides, *by J. A.
Harvie-Brown and T. E. Buckley (1888), there is a separate list
of Gaelic names for each bird species, usually accompanied by
the initials 'AC' (= Alexander Carmichael). To explain their
etymology, a literal translation is given for some of the names.*

*The initials 'AC' are missing for a few species (shown in italics
in the list below), but it seems that they were omitted in error. There
appear to be only five Gaelic names (underlined in the list below)
that were supplied by other people.*

Leasachadh 2 / Appendix 2

English names from Appendix 1 are used in the list below rather than those of Harvie-Brown and Buckley. Names that do not refer to specific species have been omitted. An asterisk (*) indicates that the name refers to an immature bird.

Beurla/*English*	Gàidhlig/*Gaelic*	Eadar-theangachadh litireil/ *Literal translation*
Arctic Skua	An Fasgadair	"the squeezer"
Arctic Tern	Stearnal	"sea swallow"
	Stearnain	"sea swallow"
Avocet	Gob Cearr	"wrong–bill"
	Cearra–ghob	"wrong–bill"
	Mini–ghob	"awl–bill"
Barn Owl	Chumhachag Bheag	"the little sorrowing one"
	A Chomhachag Bheag	"the little sorrowing one"
	Sgriachag	"the little screecher"
	Cailleach-oidhche Bheag	"the little night carlin"
	Cailleach-oidhche Gheal	"the little white night carlin"
Barnacle Goose	Leadan	
	An Cathan	
Bean Goose	Muir-ghiadh	"sea goose"
Bittern	Corra-Ghrain	
	Bubaire	

Beurla/*English*	Gàidhlig/*Gaelic*	Eadar-theangachadh litireil/ *Literal translation*
Bittern (*cont'd*)	Graineag	
	Am Buirein	"the lowing bird"
	Am Buiriche	"the lower"
Black Grouse	Lia-chearc	
	Cearc-lia	"grey hen"
	Coilleach dubh	"black cock"
Black Guillemot	Callag	
	Calltag	
	An gearra-Breac	
	Ian Dubh a Chrulainn	
	Gearra-gleas	
	Gearra-Gals an Sgadan[1]	
	Craigeach	
	Cala-Bheag an Sgadain	
	Cala-Bheag nan Cudigenn	
Blackbird	Lon	

Beurla/*English*	Gàidhlig/*Gaelic*	Eadar-theangachadh litireil/ *Literal translation*
	Londubh	
	Lonan	
	Lonag	
Blackcap	Ceann-dubh	"black head"
	Cailleachag Ceann dubh	"the little carlin of the black head"
	Smutag	"snorter"
Black-headed Gull	Cra Fhaoileag	
	Faoilag-cean-dubh	"gull of the black head"
	Ceann-dubh	
	Ceann-dubhan	
Black-throated Diver	Learg	
	Learg-Uisge	
	Learga Fairge	
	Brollach bothan	
	Learga Mhor	
	An Learga Dubh	

Beurla/*English*	Gàidhlig/*Gaelic*	Eadar-theangachadh litireil/ *Literal translation*
Brent Goose	Giadh-got	
	Got-ghiadh	
Bullfinch	Corcan-coille	"from *corcur*, red, purple, and *coille* = wood"
	Deargan-coille	"the little red bird of the wood"
Buzzard	Clamhan	
	Clamhan Luch	"the mice buzzard"
	Am Bleidire	"the sorner"
	Bleidire Tonach	"the large-hipped sorner"
	An Gearra Chlamhan	"the broad buzzard"
Capercaillie	Caber-coille	
	Caprioc	
Chiffchaff	Caifein	"chafferer"
	Caifein-coille	"chafferer of the wood"
Chough	Cathag	"jackdaw"
	Cathag nan Casa Dearg	"jackdaw of the red legs"
Coal Tit	Caillachag ceann-dubh	"little carlin blackhead"

84

Beurla/*English*	Gàidhlig/*Gaelic*	Eadar-theangachadh litireil/ *Literal translation*
	Smutan	"little snorter"
	Smutag	
Common Crossbill	Trastan	"the transverse (billed) bird"
	Camaghob	"wry-bill"
	An Deargan Giubhais	"the ruddy bird of the pine"
Common Gull	*Crann Fhaoilag*	*"small blue gull"*
	Crion Fhaoileag	*"small blue gull"*
	Faoileag Bheag an Scadan	*"small herring gull"*
Common Sandpiper	Cam-glas	"the dipper of the bogs"
	Boga-loin	"the crooked bender"
	An Cama-lubach	"the quiverer"
	An Crithein	
Coot	Lach-bhlar	"duck of the forehead spot"
Cormorant	Sgarbh an Uc-ghil*	
	Orag*	"i.e. Odharag"
	Oragann*	"i.e. Odharag"

Beurla/*English*	Gàidhlig/*Gaelic*	Eadar-theangachadh litireil/ *Literal translation*
Cormorant (*cont'd*)	Am Fleigire	"the flecked one"
	Am Ballaire-bothain	
	An Sgarbh-buill	"the scart of the spot"
Corn Bunting	Ian Bollach a Ghort	
	Gealag-bhuachair	
	Gola–Bhigein	
Corncrake	An Treun	
	Treubhna	
	Treona	
	Trean-ri-trean	
Cuckoo	Coi	
	Cuach	
	Cuachag	
	Cuthag	
Curlew	Crotach-mhara	
	Crotach-mara	

Beurla/*English*	Gàidhlig/*Gaelic*	Eadar-theangachadh litireil/ *Literal translation*
	Crotag-mara	
	Guilbneach	"the billed one"
	Sguilbneach	"the billed one"
Curlew Sandpiper	Ruid-Ghuilbneach	"stunted curlew"
Dipper	Gobhachan	"little smith"
	Gobhan uisge	"little water-smith"
Dotterel	Amadan mointich	"fool of the moor"
Dunlin	Pollaran	
	Grailleag	
	Graillig	
	Tarmachan Traghat	"the strand ptarmigan"
Dunnock	Donnan	"the little brown bird"
	Donnag	"the little brown bird"
Eider	Lach mhor	
	Lacha Heisgeir	
	Colc	

Beurla/*English*	Gàidhlig/*Gaelic*	Eadar-theangachadh litireil/ *Literal translation*
Eider (*cont'd*)	Colcach	
Fieldfare	Lia-truisg	
	Lia-triosg	
	Smeorach Lochlannach	"Scandinavian thrush"
Fulmar	Falmair	
	Fulmaire	
Gannet	Amhasan	
	Amhasag	
	Asan	
	Sulaire	"the eyed or the eyer"
	Ian Ban an Sgadan	"the white bird of the herring"
	Ian Glas an Sgadan	"the grey bird of the herring"
	Guga*	
	Sulaiche	"the watchful-eyed, which may give the root *sula*"
Goldcrest	Drathain-donn Balloir	"the wren with the gold spot"

Beurla/*English*	Gàidhlig/*Gaelic*	Eadar-theangachadh litireil/ *Literal translation*
	Ball-oir	
	Ballan-oir	
	Crionan	"the mite-bird"
	Crionag	
	Crionan Ceann-bhuidhe	"the yellow-headed mite"
	Crionag Ceann-bhuidhe	"the little yellow-headed mite"
Golden Eagle	Firein	
	Fior-eun	"the true bird, the bird par excellence"
	Iolair	
	Iolair Bhuidhe	"golden or yellow eagle"
	Iolair Bhreac	"spotted eagle"
	Iolair Cladaich	"shore eagle"
	Iolair Dhubh	"black eagle"
Golden Plover	Feadag	"whistler"
	Feadag Bhuiahe[2]	"the yellow whistler"
Great Auk	Gearr bhul	"the strong stout bird with the spot"

Beurla/*English*	Gàidhlig/*Gaelic*	Eadar-theangachadh litireil/ *Literal translation*
Great Auk (*cont'd*)	An Gearra-bhal	"the strong stout bird with the spot"
	An Gearrabhal	"the strong stout bird with the spot"
	An Gearrabhul	
Great Black-backed Gull	*Farspag*	
	Farspug	
	Farspach	
	*Farspreig Sgluirach**	
Great Northern Diver	Bunabhuachaille	"the shepherd"
	Am Murbhuachaille	"the sea shepherd"
Great Spotted Woodpecker	A Chnag	
	A Chnagag-choille	"the little wood-rapper"
Grey Heron	Corra-sgriach	"the screeching heron"
	Corra Ghribheach	"the billed heron"
	Corr	
	Corra-ghlas	"the grey-billed heron"

Beurla/*English*	Gàidhlig/*Gaelic*	Eadar-theangachadh litireil/ *Literal translation*
Grey Partridge	Cearc Thomain	"the knoll hen"
	Cearc Chruthach	"the horse-shoe hen"
Grey Plover	Glas-Fheadag	"the grey whistler"
Grey Wagtail	Breac an t-sil	
	Breacean-buidhe	
	Briceian-buidhe	"the yellow speckled little bird"
Greylag Goose	Lia-Ghiadh	
	Glas-Ghiadh	"grey goose"
Guillemot	Eun an't a Sgadan [sic][3]	*"the bird of the herring"*
	Lamhaidh	
	Langaidh	
	Langach	
	<u>Langidh (J. Finlayson)</u>	
Gyr Falcon	Seobhag Mhor	*"large hawk"*
	Seobhag Mhor na Seilg	*"the large hunting hawk"*
	Gearra Sheobhag	*"the strong stout hawk"*

Beurla/*English*	Gàidhlig/*Gaelic*	Eadar-theangachadh litireil/ *Literal translation*
Hen Harrier	Ian Fionn	"the pale bird"
	Crom nan Cearc	"the hen hunchback"
	Croman nan Cearc	"the hen huncher"
	Clamhan Gobhlach nan Cearc	"the forked buzzard of the hens"
Herring Gull	*Faoileag Mhor an Sgadan*	*"the large herring gull; large gull of the herring"*
Hobby	*Obag*	
	Gormag	*"the little blue one"*
Hooded Crow	Feannag	
	Fionnag	
	Starrag	
Hoopoe	Calman Cathaidh	
	Calman Cathaich	
House Sparrow	Gealbhonn	
	Glaisein	"gray bird"
Jackdaw	Cathag ghlas	"grey jackdaw"
	Cathag	"jackdaw"

Beurla/*English*	Gàidhlig/*Gaelic*	Eadar-theangachadh litireil/ *Literal translation*
Jay	Sgriachag	"screamer"
	Sgreuchag-choille	"the wood-screamer"
Kestrel	*Deargan Allt*	*"the ruddy of the burn"*
Kingfisher	Cruitein	"the crouched bird"
	Biora cruitein	"the crouched bird of the spit"
	Bior an Iasgair	"the fisher and strong of the spit"
Kittiwake	Tarroch	
	Scothag	
	Ruideag	
	Sgaireag	
	Seigire	
	Seigir (J. Finlayson)	
Lapwing	Curacag	"cappie"
	Adharcag-luachrach	"little horny of the rushes"
	Adharcan-luachrach	
Leach's Petrel	An Gobhlan Mara	"the fork-tailed of the sea"

Beurla/*English*	Gàidhlig/*Gaelic*	Eadar-theangachadh litireil/ *Literal translation*
Linnet	Breacan-beithe	"the speckled wee bird of the birch"
	Bricein-beithe	
Little Grebe	*Gobhachan*	*"the little smith"*
Long-eared Owl	A Chumhachag Chluasach	"the long-eared lamenter"
	A Chumhachag Adhairceach	"the long-horned lamenter"
Long-tailed Duck	Ian Bochainn	"the ocean bird"
	Ian Bachainn	
	Ian Buchainn	"the melodious bird"
Long-tailed Tit	Cailleach bheag an Eurbaill	"little carlin of the tail"
Magpie	Pitheid	
	Piothaid	
	Pioghaid	
Mallard	Lach	
	Lacha	
	Lacha-ghlas	
	Glas-lacha	

Beurla/*English*	Gàidhlig/*Gaelic*	Eadar-theangachadh litireil/ *Literal translation*
	Lacha-riabhach	"from *riabhach* = brindled"
	Lacha-ruadh	"*ruadh* = red, ruddy"
	Lacha-chinn uaine	"the green-headed duck"
Manx Shearwater	*Sgrab*	
	Sgrabail	
	Sgrabaire	
	Fachach*	
Marsh Harrier	Clamhan Loin	
	An Spuillire Buidhe	"the yellow spoiler"
	An Croman Loin	"the bog hunchback"
Marsh Tit	Ceann-dubh	"blackhead"
	Ceann-dubhag	
Meadow Pipit	Bigean	
	Bigean-biag	"wee little bird"
	Glaisein	"grey bird"
	Riabhag	"the brindled"

Beurla/*English*	Gàidhlig/*Gaelic*	Eadar-theangachadh litireil/ *Literal translation*
Merlin	Speireag	
	Speireag Bheag	
	Speireag Bheag Bhuidhe	"the yellowish little hawk"
	Speireag Bheag an Fhraoich	"the little heather hawk"
Mistle Thrush	Smeorah-mhor[4]	"large thrush"
	Scriochag	"the screecher"
	Cullionag	"the holy bird"
Moorhen	Cearc-uisge	"small water hen"
Osprey	Iolair Uisge	"water eagle"
	Iolair Iasgaich	"fishing eagle"
	Iolair Iasgair	"fisher eagle"
Oystercatcher	Bridean	"St Bridget's bird"
	Gillebride	"St Bridget's page"
	Trilleachan traghat	"the busy body or fussy body of the strand"
	An Trileachan	
Peregrine	Seobhag Ghorm	"blue hawk"

Beurla/*English*	Gàidhlig/*Gaelic*	Eadar-theangachadh litireil/*Literal translation*
	Seobhag Seilge	"hunting hawk"
	An Lainnir	"the gleamer"
	An Lannair	"the gleamer"
	Lainnir Sheilge	"the gleamer of the hunt"
Pheasant	Easag	
Pied Wagtail	Bricein Bain-tighearn	"the Lady's speckled little bird"
Pintail[5]	Lacha-mhara	"sea duck"
	Lacha-stuach	"wave duck"
	Lacha-stiurach	"rudder-duck"
Ptarmigan	Gealag bheinne	
	Ian Ban ant-Sneac	
	Sneacag	
	Tarmachan	
	Tarmachan Beinne	"mountain ptarmigan"
Puffin	Coltrachan	
	Contrachan	

Beurla/*English*	Gàidhlig/*Gaelic*	Eadar-theangachadh litireil/ *Literal translation*
Puffin (*cont'd*)	Comhdachan	
	Coltair-cheannach	
	Seumas Ruadh	"Red James"
	Peta Ruadh (J. Finlayson)	
	Bugaire	
	Buigire	
	Fachach	
	Colcair	
	Colgaire	
	Boganach*	
Purple Sandpiper	Cam glas	"the one-eyed grey (bird)"
Quail	Gearra-gort	"from "Gearr", a word of doubtful meaning [...], and *gort*, famine"
Raven	Biadhtach (W. McGillivray)	
	Biadhach (J. MacGillivray)	
	Fitheach	"feeder"

Beurla/*English*	Gàidhlig/*Gaelic*	Eadar-theangachadh litireil/ *Literal translation*
Razorbill	Duibheineach (J. Finlayson)	
	Am Falc	
	Lamhaidh	
	Ian Dubh an Sgadan	"the black bird of the herring"
Red Grouse	Cearc-Fhraoich	"heather hen"
	Coilleach–Ruadh	"red cock"
	Coilleach–Fraoich	"heather hen"
	Ian Fraoich	"heather bird"
Red Kite	Croman Luch	"the mouse huncher"
	An Croman	"the huncher"
	Croman Gobhlach[6]	
Red-breasted Merganser	Siolta	"from *Siotag* = sand-eel, upon which the Merganser principally feeds"
	Sioltain	
Red-necked Phalarope	Deargan-allt	"ruddy bird of the burn"
Redshank	Maor Cladaich	"shore officer"

Beurla/*English*	Gàidhlig/*Gaelic*	Eadar-theangachadh litireil/ *Literal translation*
Redstart	Ceann-dearg	"red-head"
	Ceann-deargan	"the little red-head"
Red-throated Diver	An Learga	
	An Learga Chaol	"slender learg"
	An Learga Ruadh	"the red learg"
Redwing	Deargan-sneac	"the ruddy bird of the snow"
Reed Bunting	Ceann-dubh Fraoich	"black-headed of the heather"
Ring Ouzel	Lon-choileireach	
	Lon-mhonaidh	
	Dubh-chreaige	
Ringed Plover	Bothag	
Robin	Broidileag	
	Broinnileag	
	Bru-dhearg	
	Broinn-dearg	
	Nigidh	

Beurla/*English*	Gàidhlig/*Gaelic*	Eadar-theangachadh litireil/ *Literal translation*
Rock Dove	Calman Gorm	"blue pigeon"
	Calman Creaige	"rock pigeon"
Rock Pipit	Uiseag-dubh	"the black shore-lark"
	Bigean-mor	"big little bird"
Rook	*Rocais*	
Sand Martin	Gobhlan Gaineacha	"the forked bird of the sand"
	Famhlag Tir	
Sanderling	*An Scrillag*	
Sedge Warbler	Ceolan	"the little bird-melodist"
	Ceolan-cuilc	"the little melodist of the reeds"
	Cuilcein	"the little reedling bird"
	Cuilceag	"the little one of the reeds"
	Loiliseag	"the little one of the sedge"
Shag	An Sgarbh (W. McGillivray)	(W. McGillivray)
	An Sgarbh Beag (W. McGillivray)	

Beurla/*English*	Gàidhlig/*Gaelic*	Eadar-theangachadh litireil/*Literal translation*
Shag (*cont'd*)	Am Fitheach uisge	"the water-raven"
	Sgarbh an Sgumain	"the crested scart"
Shelduck	Cra-ghiadh	
Skylark	Uiseag Mhoire[7]	"Mary's lark"
	Uiseag	
	An Reamhag (= Riabhag)	
Snipe	Gobhar Athar	"air-goat"
	Meannan-Athair	"air-kid"
	Eun-Ghobharag	"bird-goat"
	Budagoc	
	Ianorag	"also bird-goat"
	Boc-saic	"buck"
	Meadagan	
	Croman-loin	"marsh-hunchback"
	Bog-an-loin	
	An Noasg[8]	

Beurla/*English*	Gàidhlig/*Gaelic*	Eadar-theangachadh litireil/ *Literal translation*
Snow Bunting	Deargan Sneac	"ruddy of the snow"
	Bigein Sneac	"little snow-bird"
Snowy Owl	Chomhachag Gheal	"white lamenter"
Song Thrush	Smeorach	
	Lonag	
Sparrowhawk	Seobhag	
	Seabhag	"a hawk"
	An Speirag	
Starling	An Druideag	
	An Druid	
	Truideag	
	Truid	
Storm Petrel	Amhlag-mhara	"sea-swallow"
	Luaireag	
	Luaireagan	
	Famhlag	

Beurla/*English*	Gàidhlig/*Gaelic*	Eadar-theangachadh litireil/ *Literal translation*
Storm Petrel (*cont'd*)	Aisileag	
	Loireag	
	Famhlag Mhara	
Swallow	Gobhlan Gaoithe	"the forked bird of the wind"
Swift	Gobhlan Mor	"the big forked one"
	Goblan Dubh	"the black forked one"
	Clisgein	"the swift or rapid bird"
Teal	Crann-lach	"stunted duck"
	Crion-lach	"stunted duck"
Tree Sparrow	Gealbhonn	
	Glaisein	"the gray one"
Tufted Duck	Lach an Squmain[9]	"crested duck"
	Sgumalach	"crested duck"
Turtle Dove	An Turtar	
Twite	Bricein-beithe	"the wee little bird of the birch"
	Bigean Bain-tighearna	"the Lady's little bird"

Beurla/*English*	Gàidhlig/*Gaelic*	Eadar-theangachadh litireil/ *Literal translation*
Velvet Scoter	Tunnag ghleust	"the intelligent or cunning duck"
Water Rail	Snagaire nan Allt	"the creeper of the streams"
	Gearra Dubh nan Allt	"black gearr of the streams"
Wheatear	Clacharan	"the stone bird"
	Cloichirean	"the stone bird"
Whimbrel	Ian Bealtain	"Beltane bird"
Whinchat	*Conasgag*	*"relating to whins, or the supposed cross temper of the bird"*
	Conasgan	
	Conasag	
	Conasan	
	Gocan Conaisg	
	Fraoichein	*"the little heather chatterer"*
White-fronted Goose	Giadh bhlar	"white-faced goose"
White-tailed Eagle	Iolair Bhreac	"speckled eagle"
	Iolair Cladaich	"shore eagle"

Beurla/*English*	Gàidhlig/*Gaelic*	Eadar-theangachadh litireil/ *Literal translation*
Whitethroat	Gealan-coille	"the white little bird of the wood"
	Gealag-coille	
	Gealachag-coille	"the little white one of the wood"
Whooper Swan	Eala	"a swan"
	Eala-bhan	"white swan"
	Eala-ghlas*	"grey swan"
Wigeon	Glas-lach	"grey duck"
	Lacha Lachlannach	"Scandinavian duck"
Willow Warbler	Troicheilein	"trifler, dwarf"
	Conan Conuisg	"Conon of the whins"
Woodpigeon	Calman Coille	"wood pigeon"
	Smud	
	Smudan	
	Duradan	
Wood Warbler	Conan-coille	"Conan (i.e. Wren) of the wood"
Woodcock	Creothar	

Beurla/*English*	Gàidhlig/*Gaelic*	Eadar-theangachadh litireil/ *Literal translation*
	Coilleach-coille	
	Fudagag	
	Udagag	
	An Croman Loin	"the bog hunchback"
Wren	Dreollan	
	Drethein	
	Dreathain	
	Drathain	
	Drathain-donn	
	Conan	
	Conan-crion	
	Fridein	"mite-bird"
	Fridein Fionn	"the mite pale bird"
Yellowhammer	Bhuidheag	"the yellow one"
	A Bhuidheag-Bhuachair	"the yellow one of the dung"
	A Bhuidheag Bhealuidh	"the yellow one of the broom"

Notaichean air Leasachadh 2 / *Notes on Appendix 2*

1 'S e 'Gearra-Glas'an litreachadh ceart. / *The correct spelling is* 'Gearra-Glas'.

2 'S e 'Feadag Bhuidhe' an litreachadh ceart. / *The correct spelling is* 'Feadag Bhuidhe'.

3 'Eun an sgadain', ma dh'fhaoidte. Tha 'Eun an't a Sgadan' anns an leabhar aig Gray cuideachd. / 'Eun an sgadain', *perhaps.* 'Eun an't a Sgadan' *also appears in Gray's book.*

4 'S e 'Smeòrach-mhòr' an litreachadh ceart. / *The correct spelling is* 'Smeòrach-mhòr'.

5 Tha e coltach gu bheil mì-thuigse ann an seo: 's e ainmean airson na Lach-binne a th' ann an 'lacha-mhara' agus 'lacha-stuach'. / *There appears to be some confusion here:* 'lacha-mhara' *and* 'lacha-stuach' *are names for the Long-tailed Duck (*Lach-binne*).*

6 Tha an t-ainm seo a' nochdadh fon cheann '*Swallow-tailed Kite, N. furcatus*'. 'S e eun Ameireaganach a tha seo, ged-tà, agus chan eil teagamh nach e an Clamhan-gobhlach a' ghnè cheart. / *This name appears under the heading* 'Swallow-tailed Kite, N. furcatus'. *This is an American bird, however, and there is no doubt that the Red Kite is the correct species.*

7 Tha an t-ainm seo a' nochdadh tro mhearachd fon cheann '*Crested Lark*'. / *The name appears in error under the heading of* 'Crested Lark'.

8 'S e 'An Naosg' an litreachadh ceart. / *The correct spelling is* 'An Naosg'.

9 'S e 'Lach an Sgumain' an litreachadh ceart. / *The correct spelling is* 'Lach an Sgumain'.

Leasachadh 3. Ainmean Gàidhlig eun ann an *Carmina Gadelica*

Anns an liosta seo shìos gheibhear a h-uile ainm Gàidhlig a nochdas ann an *Carmina Gadelica*, ach a-mhàin:

➢ Ainmean a chaidh a chur ann an camagan ceàrnach ann an *Carmina Gadelica* vi, agus seo a' chomharrachadh gum b' e an deasaiche, seach MacGilleMhìcheil fhèin, a chuir iad ann.

➢ Ainmean eun callda.

➢ Ainmean air nach eil fios cò a' ghnè a chomharraicheas iad.

Thathar a' cleachadh ainmean Beurla bho Leasachadh 1 anns an liosta seo shìos, seach an fheadhainn ann an *Carmina Gadelica*. Far a bheil caochladh dhòighean air an aon ainm Gàidhlig a litreachadh ann an *Carmina Gadelica*, tha na dreachan uile anns an liosta. Ach far a bheil ainm a' nochdadh le stràc agus gun stràc, no le tàthan agus gun tàthan, 's e an dreach le stràc no le tàthan a-mhàin a th' ann. Tha ainmean a gheibhear anns an tuiseal ghinideach a-mhàin ann an *Carmina Gadelica* air an cur anns an tuiseal ainmneach.

Tha ainmean nach eil a' comharradh ghnèithean sònraichte (m.e. *lach*, *faoileag*) ann an clò Eadailteach. Tha rèiltean (*) a' ciallachadh gu bheil an t-ainm a' comharrachadh eun nach eil air tighinn gu ìre.

Appendix 3. Gaelic bird names in **Carmina Gadelica**

Every Gaelic name that appears in Carmina Gadelica *is included in the list below, with the exception of:*

➢ *Names that were placed in square brackets in* **Carmina Gadelica** *vi, indicating that they were inserted by the editor rather than by Carmichael himself.*

> ➤ *Names of domestic birds.*

> ➤ *Names for species whose identity is not known.*

English names from Appendix 1 are used in the list below in preference to those in Carmina Gadelica. *Where the same Gaelic name is spelt in several ways in* Carmina Gadelica, *the list includes all versions. But where a name appears with and without an accent, or with and without a hyphen, only the accented or hyphenated version is given. Names that appear only in the genitive case in* Carmina Gadelica *have been put into the nominative case.*

Names that do not signify specific species (e.g. lach, faoileag*) are in italics. An asterisk (*) indicates that the name refers to an immature bird.*

Beurla/*English*	Gàidhlig/*Gaelic*
Barnacle Goose	Cadhan, giughran, giùran
Bittern	Bùirean, bùran, punan[1]
Black Grouse	Coileach-dubh, liath-chearc
Black Guillemot	Cearc-mhara, gearr-bhreac, gearra-breac
Blackbird	Lon, lona, londubh
Black-headed Gull	Ceann-doghan, ceann-dubh, ceann-dubhan, cra-fhaoileag
Black-throated Diver	Giadh gaob, learg, learg choilearach, learg choilearach dhubh, learg dhubh, learg mhor, learga-dhubh
Bullfinch	Corcan
Buzzard	Claimhean, clamhan riabhach
Capercaillie	Cabhar, cabhar coille
Carrion Crow	Crèamhach
Cormorant	Bialaire-bòthan, odharag*, ódhrag*, ora*, orag*, sgarbh, sgarbh buill, sgarbh mór

Beurla/*English*	Gàidhlig/*Gaelic*
Corncrake	Bramach-roid, bramachan-roid, rac-an-fheòir, trataran-tréan, tréan-ri-tréan, treòn, treòna, treònachan, trian-ri-trian
Crane	Corra-ruadh, cranna-ghlas
Crow	*Feannag*
Cuckoo	Cuthag
Curlew	Corra-liod, guilbneach
Dipper	Gobha dubh nan allt
Duck	*Lach, lacha, lachain, tunnag*
Dunlin	Pollaran
Dunnock	Riabhag
Eagle	*Cabhar creige, fiolair, firein, iolair, iolaire*
Fulmar	Fulmair
Gannet	Amhas, amhasan, annsadh, ausa, gug*, sùl, sùlair, sùlaire
Golden Plover	Feadag
Goldfinch	Buidheag
Goose	*Cabhar cluain*
Great Auk	Gearr-bhall, gearra-bhall
Great Northern Diver	Bun-bhuachaille, buna-bhuachaille, bura-bhuachaille
Grey Heron	Corr, corra-ghritheach, corra-sgriach, corra-sgritheach, curra
Greylag Goose[2]	Giadh-glas, glasghiadh
Guillemot	Alc, falc, falcag bhiorach, ian dubh
Gull	*Faoileag*
Harrier	*Cabhar criathraich, clamhan*
Hawk	*Seobhag*

Beurla/*English*	Gàidhlig/*Gaelic*
Hen Harrier	Fionn
Hooded Crow	Feannag
Jackdaw	Ceathag
Kestrel	Croman-luch, deargan-allt
Lapwing	Adharcag, curracag
Lark[3]	*Fosg, fosga, fosgag, fusg, smùid*
Linnet	Bigein Bride
Long-tailed Duck	Beul-binn, caothail, easan-mara, ian-binn, ian buchuinn, lacha-liath, lachain liath, lacha-stiùrach
Mallard	Lach a chinn-uaine, lacha Mhoire, lachain Mhoire, lacha-riabhach, lacha-ruadh
Meadow Pipit	Mionan[4], mionan min[5], snàthadag, tachan cuthaig, tachran cuthaig
Nightjar	Corr-bhleoghan, durran, durraran, snag, turran, turraran
Owl	*Cumhachag*
Oystercatcher	Brìdein, gille Bride, gille Brighde
Peregrine	Lainnir, lainnire, lannair, lannaire
Petrel	*Peadaireach, peitireach*
Pigeon/Dove	*Calaman, calman, gurra-gù, gurra-gùg*
Ptarmigan	Bànag bheinne, gealag, gealag bheinne, ian bàn an t-sneachd, smàchdan, smachdaire, tarmach, tarmachan, tarman, tarnachan, tormach, tormachan, torman, tuirmeachan, tuirmean, tuirmeanach
Puffin	Buigire, buit, buite, càlag, peata ruadh

Beurla/*English*	Gàidhlig/*Gaelic*
Raven	Biadhtach, fitheach
Razorbill	Alc, alca, duibheanach, falc
Red Grouse	Cearc-fhraoich, ruadhchearc
Red Kite	Clamhan
Red-throated Diver	Ballaire-bòdhar, giadh-gob, gobghiadh, learga-dhearg
Ringed Plover[6]	Bòdhag, bòthag, brollach-bòdhaig, brollach-bòthaig, brollach-bòthan, ceàrd-traghad, tàsg, trotag-thràghad
Robin	Broidealan, broidileag, broidleachan, brù-dhearg
Rook	Feannag, rocais, ròcas
Shelduck	Cra-ghiadh
Skua	*Croma-ritheachan*
Skylark	Fosgag Mhoire, uiseag
Snipe	Crom-lòin, crom-riabhach, croman-lòin, croman-riabhach an lòin, eunarag, gudaboc, meannan-oidhche, naosg
Song Thrush	Smeòirein, smeol, smeòla, smeòr, smeòrach, smeòrach Chrìosda, smeòrag
Sparrow	*Glaisean*
Starling	Truid
Stock Dove	Fearain, fearan
Stonechat	Clacharan, clachran, cloichirean, cluicheirean
Storm Petrel	Famhlag, peidir, peidireach
Swan[7]	*Ai, cabhar lòin, eal, eala, eala bhàn, eala-gheal, eala ghlas*, eala-dhonn*, odharag*, ora*, orag**

Beurla/*English*	Gàidhlig/*Gaelic*
Teal	Crann-lach, crion-lach, lach eigir, lacha shith
Tern[8]	*Steàirneal, steàirnean, steàirtran, steàrtan*
Tit	*Bigirein*
Turtle Dove	Cuach, smùidein
Wheatear	Clacharan, clachran, cloichirean, cluicheirean, fear na Féill Pàraig
Whimbrel	Far-ghuilbneach, ian Bealltainn, ian bùchainn, roid-ghuilbneach, ruid-ghuilbneach
Wigeon	Lach a' chinn ruaidh, lach a' chinn rudhaich, lach-fead, lacha Lochlannach
Woodpigeon	Fearain, fearan
Wren	Conan Corr, cranna-chealgail, doitheamh, draitheann, dreathan-donn, dreoll, dudadh, dudanadh, godanadh, meacan, stailceadh

Notaichean air Leasachadh 3 / *Notes on Appendix 3*

1 A rèir an deasaiche, 's e 'bunnan', 'bunnann', 'punnan' no 'punnann' an litreachadh ceart. / *According to the editor, the correct spelling is* 'bunnan', 'bunnann', 'punnan' *or* 'punnann'.

2 Tha na h-ainmean Gàidhlig air an eadar-theangachadh mar '*grey goose*' ann an *Carmina Gadelica*, agus ged a b' e an Gèadh-glas fhèin a' ghnè a bu phailte aig an àm, dh'fhaodadh nach biodh daoine a' dèanamh sgaradh eadar an Gèadh-glas agus gnèithean eile mar an Gèadh-bhlàr no an Gèadh-dearg-chasach. / *The Gaelic names are translated as* '*grey goose*' *in* Carmina Gadelica, *and even though the Greylag Goose would*

have been the most numerous species at the time, it is possible that people did not differentiate it from other species such as the White-fronted Goose and the Pink-footed Goose.

3 Ged as e '*lark*' a-mhàin a gheibhear ann an *Carmina Gadelica*, chan eil teagamh nach e an Uiseag a tha na h-ainmean seo a' comharrachadh. / *Although 'lark' alone is given in* Carmina Gadelica, *there is no doubt that these names denote the Skylark.*

4 A rèir an deasaiche, 's e 'mionnan' an litreachadh ceart. / *According to the editor, the correct spelling is* 'mionnan'.

5 A rèir an deasaiche, 's e 'mionnan mion' no 'mionnan mìon' an litreachadh ceart. / *According to the editor, the correct spelling is* 'mionnan mion' *or* 'mionnan mìon'.

6 Tha '*shore-pipit*' ann cuideachd airson feadhainn de na h-ainmean Gàidhlig seo, agus tha e coltach gun robh beagan mì-chinnt air MacGilleMhìcheil mun deidhinn. Aig aon àm chanadh cuid de luchd na Beurla '*shore-pipit*' no '*sea-lark*' ris a' Ghabhagan, agus '*sea-lark*' ris an Trilleachan-tràghad. / *'Shore-pipit' is also given for some of these Gaelic names, and it appears that Carmichael was uncertain about them. At one time the Rock Pipit was called the 'shore-pipit' or 'sea-lark' by some English-speakers, while the Ringed Plover was called the 'sea-lark'.*

7 Ged nach eilear gan ainmeachadh ann an *Carmina Gadelica*, b' e an Eala-fhiadhaich agus an Eala-bheag na gnèithean air am biodh daoine eòlach aig àm MhicGilleMhìcheil. / *Although they are not named in* Carmina Gadelica, *the Whooper Swan and the Bewick's Swan are the species with which people would have been familiar in Carmichael's time.*

8 'S e '*tern, Arctic tern*' a bh' aig MacGilleMhìcheil ann an *Carmina Gadelica* vi. Dh'fhaodadh gum b' e an Stèarnag-Artaigeach a' ghnè a bu phàilte air a' Ghàidhealtachd aig an àm, mar a tha i san latha an-diugh. / *Carmichael gave 'tern, Arctic Tern' in* Carmina Gadelica vi. *The Arctic Tern may have been the commonest species in the Highlands and Islands at the time, as it is today.*

LIOSTA LEABHRAICHEAN / *BIBLIOGRAPHY*

ap Rheinallt, T., Stiùbhart, D. U. (2010) Early records of bitterns in the Outer Hebrides. *Scottish Birds* 30 (1): 124–5.

Armstrong, R. A. (1825) *A Gaelic Dictionary, in Two Parts: I. Gaelic and English. II. English and Gaelic.* London: James Duncan

Black, R. (2008) 'I Thought He Made It All Up: Context and Controversy.' In *The Life and Legacy of Alexander Carmichael.* ed. D. U. Stiùbhart. Port of Ness, Isle of Lewis: The Islands Book Trust: 57–80

Campbell, J. L. (1976) 'Carmina Gadelica. Volume VI: Indexes (ed. Angus Matheson). Review by J. L. Campbell.' *Scottish Gaelic Studies* 12 (2), 290–9

Campbell, J. L. (1978) 'Notes on Hamish Robertson's 'Studies in Carmichael's *Carmina Gadelica*.' *Scottish Gaelic Studies* 13 (1), 1–17

Campbell, J. L. (1981) '*Carmina Gadelica*: George Henderson's corrections and suggestions.' *Scottish Gaelic Studies* 13 (2), 183–218

Campbell, J. L., Thomson, D. (1963) *Edward Lhuyd in the Scottish Highlands 1699–1700.* Oxford: Clarendon Press

Carmichael, A. (1900) *Carmina Gadelica: Hymns and Incantations. Volume I.* Edinburgh: T. & A. Constable

Carmichael, A. (1900) *Carmina Gadelica: Hymns and Incantations. Volume II.* Edinburgh: T. & A. Constable

Carmichael, A. (1940) *Carmina Gadelica: Hymns and Incantations. Volume III.* Edinburgh: Oliver & Boyd

Carmichael, A. (1941) *Carmina Gadelica: Hymns and Incantations. Volume IV.* Edinburgh: Oliver & Boyd

Carmichael, A. (1954) *Carmina Gadelica: Hymns and Incantations. Volume V* (ed. Angus Matheson). Edinburgh: Oliver & Boyd

Carmichael, A. (1971) *Carmina Gadelica: Hymns and Incantations. Volume VI: Indexes* (ed. Angus Matheson). Edinburgh: Oliver & Boyd

Carmichael, A. (1992) *Carmina Gadelica. Hymns and Incantations* (preface by J. MacInnes). Edinburgh: Floris Books

Cunningham, P. (1983) *The Birds of the Outer Hebrides: a guide to their status and distribution*. Perth: Melven Press

Dwelly, E. (2001) *The Illustrated Gaelic-English Dictionary* (reprint). Edinburgh: Birlinn

Fergusson, C. (1885) 'The Gaelic names of birds. Part I.' *Transactions of the Gaelic Society of Inverness* 11, 240–60

Fergusson, C. (1886) 'The Gaelic names of birds. Part 2.' *Transactions of the Gaelic Society of Inverness* 12, 28–93

Forbes, A. R. (1905) *Gaelic Names of Beasts (Mammalia), Birds, Fishes, Insects, Reptiles etc*. Edinburgh: Oliver & Boyd

Forrester, R. W., Andrews, I. J., McInerny, C. J., Murray, R. D., McGowan, R. Y., Zonfrillo, B., Betts, M. W., Jardine, D. C. & Grundy, D. S. (eds) (2007) *The Birds of Scotland*. Aberlady: The Scottish Ornithologists' Club

Gray, R. (1871) *Birds of the West of Scotland including the Outer Hebrides*. Glasgow: Thomas Murray & Son

Harvie-Brown, J. A., Buckley, T. E. (1888) *A Vertebrate Fauna of the Outer Hebrides*. Edinburgh: David Douglas

Highland Society of Scotland (1828) *Dictionarum Scoto-Celticum: a Dictionary of the Gaelic Language*. Edinburgh: William Blackwood

Lightfoot, J. (1777) *Flora Scotica Vol. 1*. London: B. White

MacBain, A. (1896) *Etymological Dictionary of the Gaelic Language*. Inverness: Northern Counties Newspaper and Printing and Publishing Company Limited

MacGillivray, W. (1837) *A History of British Birds Vol.I*. London: Scott, Webster & Geary

MacGillivray, W. (1839) *A History of British Birds Vol.II*. London: Scott, Webster & Geary

MacGillivray, W. (1840) *A History of British Birds Vol.III*. London: Scott, Webster & Geary

MacGillivray, W. (1852) *A History of British Birds Vol.IV*. London: William S. Orr & Co.

MacGillivray, W. (1852) *A History of British Birds Vol.V*. London: William S. Orr & Co.

MacLeod, N., Dewar, D. (1853) *A Dictionary of the Gaelic Language in Two Parts. I. Gaelic and English. II. English and Gaelic.* Glasgow: W. R. McPhun

Pitman, J. (1983) *Manuscripts in the Royal Scottish Museum Edinburgh, part 3. J A Harvie-Brown papers*. Edinburgh: Royal Scottish Museum Information Series

Robertson, H. (1976) 'Studies in Carmichael's *Carmina Gadelica*.' *Scottish Gaelic Studies* 12 (2), 220–65

RSPB, Comataidh Craolaidh Gàidhlig (undated) *Ainmean Eun: Beurla gu Gàidhlig agus Gàidhlig gu Beurla.*

Shaw, W. (1780) *A Gaelic and English Dictionary*. London: W. & A. Strahan

Stiùbhart, D. U. (2008) 'Alexander Carmichael and Carmina Gadelica.' In *The Life and Legacy of Alexander Carmichael.* ed. D. U. Stiùbhart. Port of Ness, Isle of Lewis: The Islands Book Trust: 1–39